AN SOWTER

AN SOWTER

LYVER AN SALMOW TRELYS DHE GERNEWEK

❖

FURV LITURGEK

KESVA AN TAVES KERNEWEK
The Cornish Language Board
1997

© R.K.R.Syed 1997

R.K.R.Syed has asserted his right to be identified as translator of this work for the purposes of Sections 77 and 78 of the Copyright, Designs and Patents Act 1988

British Library Cataloguing in Publication Data
An Sowter : Lyver an Salmow trelys dhe Gernewek, furv liturgek
  1. Bible. O.T. Psalms. Cornish - Versions 2. Psalters
  I. Syed, Richard Keith Ross
  264'.028

ISBN 0 907064 67 1

Pryntys yn Alban gans / Printed in Scotland by
BPC-AUP Aberdeen Ltd

An delinyans dhe dhalleth an tekst yw kemmerys diworth The Psalter, dyllys gans Joseph Masters, Sen Stefan 1852

RAGSKRIF

Y profir an trelyans ma a'n Salmow avel rann a drelyans an Bibel kowal yn Kernewek Dasvywys, gwrys tamm ha tamm gans niver a drelyoryon.

Drefenn gnas arbennik an Salmow, ha'n fordhow may hwrer devnydh anedha, res o dhymm gul an trelyans yn diw furv: onan anedha Biblek dour (hag ynni an pennskrifow Biblek, niverans Biblek a'n gwersow, ha niver byghan a notennow), ha'n furv ma, liturgek (ow sywya an poyntyans, niverans an gwersow ha'n pennskrifow dell esons y'n Sowter y'n Lyver Pysadow Kemmyn sowsnek). Byttegyns, spit dhe'n dyffransow ma, ogas ha'n keth geryow yma y'n dhiw furv.

An trelyans o gwrys diworth Biblia Hebraica Stuttgartensia (1990). Tekst an Salmow, dell gevir y'n jydh hedhyw, yw nebes podrethek, ha res yw dhe'n trelyer, hag ev ow tewis ynter an redyansow divers ha'n amendyansow, oberi gans meur a rach. My re assayas, plepynag y hylliv, trelya an Tekst Massoretek dour, ha ger rag ger. Ple fo res amendya an tekst, my re wrug devnydh a'n apparatus criticus yn BHS, hag a lyvrow eksegetek C.A Briggs ha W.O.E Oesterley war an Salmow. My re wrug devnydh a rol hir a drelyansow, koth (Septuagint, Peshitta ha Vulgat) hag arnowydh (a-dhia Luther bys y'n jydh hedhyw). Trelyansow Keltek a-dhiwedhes o meur aga les: Kembrek (1988), Iwerdhonek (1981) ha Bretonek (1974 ha 1985).

Synsys yn feur ov vy dhe Ray Edwards a'y gennerth heb fin. Ev a jekkyas pub ger a'n trelyans, dre lies kynsskrif, ha profya niver bras a amendyansow, may tegemmeris vy an rann vrassa anedha. Synsys ynwedh ov vy dhe'n Dr David Balhatchet, neb re jekkyas dour oll an tekst, ha notya lies tra, ha'm gweres yn feur orth y dharbari rag dyllo. My a wonn gras ynwedh dhe'n Dr Ken George a'y weres war nebes kudynnow a lytherennans. Byttegyns, my ow honan re wrug an erviransow wor'tiwedh, ha mar kwra kammdybyansow sywya a henna, dhymmo vy yth yns i.

Kyns oll my a woer gras dhe'm gwreg, Isabel, rag na ve hy hennerth ha'y skoedhyans, ny allsen mann kavoes an termyn ha'n spas dhe omdroghya yn studhyansow Kernewek ha Biblek.

Tresor dres pris yw an Salmow dhe beub a's kar, hag ow fysadow yw may tokko an trelyans ma dhe Gernewegoryon neppyth a'ga thekter ha'ga downder heb par.

PREFACE

This version of the Psalms is offered as a contribution to a complete translation of the Bible into Cornish, which is being produced gradually by a number of different translators.

Owing to the special nature of the Psalms and the uses to which they are put, I have found it necessary to produce two versions: one strictly Biblical (including the Biblical headings, Biblical verse-numbering and a small number of notes) and this one, a liturgical version (following the punctuation, verse-numbering and titles of the Psalter in the Book of Common Prayer). However, despite these differences, the wording of the two versions is virtually identical.

The translation has been done from Biblia Hebraica Stuttgartensia (1990). The text of the Psalms has been subject to much corruption. In choosing between variant readings and amendments a translator has to exercise great care, and I have tried wherever possible to produce a close rendering of the

Massoretic text. Where I have found amendment necessary I have been guided by the critical apparatus of BHS, and the Commentaries of C.A.Briggs and W.O.E Oesterley. I have continuously referred to a range of translations, ancient (Septuagint, Peshitta, Vulgate) and modern (from Luther to the present day). Recent Celtic translations have been particularly useful (Welsh 1988, Irish 1981, Breton 1974 and 1985).

I am deeply indebted to Ray Edwards for his continuous encouragement. He has checked the translation through several drafts and proposed a large number of improvements, very many of which I have adopted. I am also indebted to Dr David Balhatchet, who has meticulously checked the text and helped me greatly in preparing it for publication. I am grateful also to Dr Ken George for advice on certain matters of orthography. Nevertheless, the final decisions have been mine, and I am responsible for any resulting errors.

My greatest thanks are to my wife, Isabel, without whose encouragement and support I could never have had the time and opportunity to pursue Cornish and Biblical studies.

The Psalms are a priceless treasure for those who have come to love them, and my hope is that this Cornish version will convey to Cornish speakers something of their beauty and depth.

Keith Syed

Cheltenham,
Pask 1997

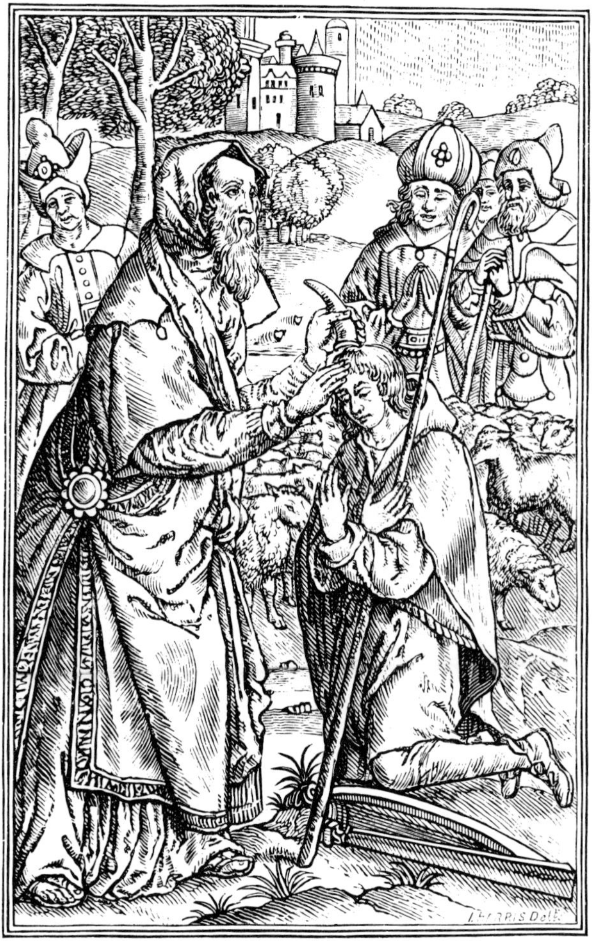

AN SALMOW

Myttin 1

SALM 1. *Beatus vir, qui non abiit.*

1 Gwynnvys an den na gerdh yn kusul an debeles, ha na sev yn fordh peghadoryon : ha na esedh yn esedhva an re a wra ges.
2 Mes yma y lowena yn lagha an Arloedh : hag yn y lagha y preder ev dydh ha nos.
3 Ev a vydh avel gwydhenn plensys ryb goverow dowr, ow ri hy frut yn hy thermyn : ny wedher hy del; ha pypynag a wrello, ev a sewen.
4 Nyns yw yndellma an debeles : mes yth yns i avel kulyn hwythys dhe-ves der an gwyns.
5 Rakhenna, ny sev an debeles y'n breus : na peghadoryon yn kuntelles an re wiryon.
6 Rag an Arloedh a aswonn fordh an re wiryon : mes fordh an debeles a dhe goll.

SALM 2. *Quare fremuerunt gentes?*

1 Prag y hwra an kenedhlow deray : ha'n poblow devisya taklow euver?
2 Myghternedh an norvys a sev, ha'n rewloryon a omgusul warbarth : erbynn an Arloedh hag erbynn y Anoyntys ev.
3 Terryn ni aga holmow dhe demmyn : ha tewlel aga herdyn diworthyn.

4 Neb a esedh y'n nevow a hwerth : an Arloedh a wra ges anedha.

5 Ena ev a gews orta yn y sorr : ha'ga broweghi yn y gonnar fell.

6 My re worras ow Myghtern : war Sion ow menydh sans.

7 My a dheriv an ordenans : an Arloedh a leveris dhymm, Ty yw ow Mab, hedhyw my re'th tineythis.

8 Dervynn orthiv, ha my a re dhis an kenedhlow y'th ertaj : ha pennow pella an nor y'th perghennogeth.

9 Ty a's terr gans gwelenn horn : ty a's brew dhe demmyn avel lester gweythor pri.

10 Ytho bedhewgh fur lemmyn, hwi vyghternedh : bedhewgh keskys, hwi vreusysi an norvys.

11 Servyewgh an Arloedh gans own : ha lowenhewgh gans krena.

12 Ymmewgh dhe'n Mab, ma na vo serrys ha na yllowgh dhe goll y'n fordh : rag y sorr a flamm yn skon; gwynnvys an re a hwila skovva ynno ev.

SALM 3. *Domine, quid multiplicati?*

1 A Arloedh, fatell yw ow eskerens ynkressyes : lies yw neb a sev er ow fynn.

2 Lies yw neb a lever a'm enev : Nyns eus gweres ragdho yn Dyw.

3 Mes ty, A Arloedh, yw skoes ragov vy : ow gordhyans, neb a dhrehav ow fenn.

4 My a elwis war an Arloedh gans ow lev : hag ev a worthybis dhymm mes a'y venydh sans.

5 My a wrowedhas ha koska : ha my a dhifunas, rag an Arloedh a'm skoedh.

6 Ny borthav own a dhegow a vilyow a'n bobel : neb re omsettyas a-derdro er ow fynn.

7 Sav, A Arloedh; salw vy, ow Dyw : rag ty re weskis ow eskerens war an challa : ty re dorras dens an debeles.

8 Y'n Arloedh yma ow selwyans : yma dha vennath war dha bobel.

SALM 4. *Cum invocarem.*

1 Gorthyp dhymm pan alwav, A Dhyw ow gwiryonedh : ty a'm gorras yn rydhses pan en vy yn anken; bydh grassyes orthiv, ha klyw ow fysadow.

2 Hwi vebyon den, pestermyn y fydh ow golowder trelys dhe vysmer : pestermyn y kerowgh euveredh, ow hwilas gow?

3 Mes godhvydhewgh an Arloedh dhe dhiskwedhes tregeredh marthys dhymmo vy : an Arloedh a'm klyw pan alwav warnodho.

4 Krenewgh, ha na beghewgh : kewsewgh y'gas kolonn war agas gweli, ha bos kosel.

5 Offrynnewgh sakrifisys gwiryonedh : ha trestya y'n Arloedh.

6 Lies huni a lever, Piw a dhiskwa dader dhyn ni : drehav warnan golow dha fas, A Arloedh.

7 Ty re worras lowender y'm kolonn : moy ages y'n termyn may feu aga ys ha'ga gwin ynkressyes.

8 Lemmyn my a wrowedh yn kres ha koska : drefenn ty dha honan, A Arloedh, dhe wul dhymm tryga yn tiogel.

SALM 5. *Verba mea auribus.*

1 Ro skovarn dhe'm geryow, A Arloedh : gwra vri a'm preder.

2 Goslow orth lev ow kri, ow Myghtern, ha'm Dyw : rag dhiso jy y pysav.

3 A Arloedh, y'n myttin ty a glyw ow lev : y'n myttin my a orden ow fysadow orthis, ha goelyas.

4 Rag nyns osta Dyw a gemmerro plesour yn sherewneth : ny yll drog tryga genes jy.

5 Ny sev an re woethys y'th wolok jy : ty a gas an dhrogoberoryon oll.

6 Ty a dhistru an re a wowlever : an Arloedh a gas an gour goesek ha fals.

7 Mes my a dheu y'th chi herwydh dha dregeredh meur : my a omblek troha'th tempel sans yn own ahanas.

8 Hembronk vy, A Arloedh, y'th wiryonedh drefenn ow eskerens : gwra dha fordh kompes a-dheragov.

9 Rag nyns eus lelder y'ga ganow : yma sherewneth y'ga mysk.

10 Aga lonk yw logel igor : i a fekyl gans aga thaves.

11 Perthens i kessydhyans aga fegh, A Dhyw; koedhens i awos aga husulyow aga honan : towl i dhe-ves herwydh aga lies kammweyth; rag i re sevis er dha bynn.

12 Mes lowenhes seul a drest ynnos jy : kanens i gormeula bynytha, rag ty dh'aga gwitha; ha bedhes heudhik ynnos jy an re a gar dha Hanow.

13 Rag ty, A Arloedh, a vennik an den gwiryon : ty a'n kudh gans ras kepar ha gans skoes.

Gwesper 1

SALM 6. Domine, ne in furore.

1 A Arloedh, na rebuk vy y'th sorr : ha na geredh vy y'th konnar fell.
2 Bydh grassyes orthiv, A Arloedh, rag difreth ov vy : yaghha vy, A Arloedh, rag ow eskern yw troblys.
3 Ow enev ynwedh yw amayys yn feur : mes ty, A Arloedh, pygemmys termyn?
4 Dehwel, A Arloedh, delirv ow enev : salw vy a-barth dha dregeredh.
5 Rag yn ankow nyns eus kov ahanas : piw a'th wormel y'n pytt?
6 Skwith ov vy a'm kynvann; pub nos my a wolgh ow gweli : my a lyb ow growedhva gans ow dagrow.
7 Ow lagas a fyll awos moredh : ev a wannha drefenn ow eskerens oll.
8 Diberthewgh diworthiv vy, hwi dhrogoberoryon oll : rag an Arloedh re glywas lev ow oelva.
9 An Arloedh re glywas ow govynnadow : an Arloedh a dhegemmer ow fysadow.
10 Ow eskerens oll a berth meth hag a vydh troblys yn feur : i a drel war-dhelergh hag a berth meth yn tromm.

SALM 7. Domine, Deus meus.

1 A Arloedh ow Dyw, ynnos jy y trestyav : salw vy a'm helghyoryon oll, ha gwra ow delivra;
2 Ma na dorrons ow enev avel lew : orth y skwardya, ha nyns eus delivrer.

3 A Arloedh ow Dyw, mar kwrugavy hemma : mars eus sherewneth y'm diwleuv;

4 Mars attylis vy drog dhe'n den esa yn kres genev : ha mar pystigis vy ow eskar heb ken;

5 Helghyes an eskar ow enev, ha'y gemmeres : stankyes ev ow bywnans dhe'n dor, ha gorra ow enor y'n doust.

6 Sav, A Arloedh, y'th sorr; omdhrehav awos koler ow eskerens : ha difun, A Dhyw, herwydh an breus a worhemmynnsys.

7 Ha bedhes kuntelles an poblow a-dro dhis : warnodho kemmer dha se yn ughelder.

8 An Arloedh a vreus an poblow; breus vy, A Arloedh : herwydh ow gwiryonedh, ha herwydh ow gwiryonses usi ynnov.

9 Bedhes diwedh dhe dhrogober an debelwesyon; mes ty fastha an den gwiryon : rag an Dyw gwiryon a brev an kolonnow ha'n lonethi.

10 Yma ow skoes gans Dyw : ev a selow an re ewn aga holonn.

11 Dyw yw breusyas gwiryon : ha Dyw yw serrys pub dydh.

12 Mar ny goedh den yn edrega, ev a lymm y gledha : ev re blegyas y warak, ha'y darbari.

13 Hag ev re dharbaras ragdho daffar mernans : ev a wra y sethow sheftys a dan.

14 Ott, ev a omdhek sherewneth : ev re dhug dregynn ha dineythi falsuri.

15 Ev re gleudhyas pytt ha'y balas : hag ev re goedhas y'n kleudh a wrug.

16 Y dhregynn a drel war y benn y honan : ha'y arowder a dhiyskynn war y glopenn y honan.

6

17 My a wormel an Arloedh herwydh y wiryonedh : ha kana gormeula dhe Hanow an Arloedh, an Gorughella.

SALM 8. *Domine, Dominus noster.*

1 A Arloedh, agan Arloedh, ass yw bryntin dha Hanow yn oll an norvys : ty neb re worras dha wolowder a-ugh an nevow!

2 Mes a anow fleghigow ha'n re ow tena ty re fastyas nerth drefenn dha eskerens : rag may tiswrylli an eskar ha'n dialer.

3 Pan virav orth an nevow, ober dha vysyes : an loer ha'n ster a worrsys y'ga le;

4 Pyth yw den may perthydh kov anodho : ha mab-den may hwredh vri orto?

5 Ty re'n gwrug nebes isella ages an eledh : ha'y guruna gans golowder hag enor.

6 Ty a ros dhodho mestrynses war wriansow dha dhiwleuv : ty re worras puptra yn-dann y dreys ev.

7 Oll deves hag oghen : hag oll lodhnow an gwel;

8 Ydhyn an nevow ha puskes an mor : kekemmys a dremen dre hynsyow an moryow.

9 A Arloedh agan Arloedh : ass yw bryntin dha Hanow yn oll an norvys!

Myttin 2
SALM 9. *Confitebor tibi.*

1 My a'th wormel, A Arloedh, a leun golonn : my a dheriv oll dha varthusyon.

2 My a lowenha hag a vydh fest heudhik ynnos jy : my a gan gormeula dhe'th Hanow, A Worughella.

3 Pan yw ow eskerens trelys war-dhelergh : i a drebuch ha mos dhe goll a-dheragos.

4 Rag ty re ventenas gwirvreus hag ewnder ragov : ty a esedhas y'n se ha breusi yn gwiryonedh.

5 Ty re geredhas an kenedhlow, ty re dhistruis an tebelwas : ty re dhefendyas aga hanow dhe-ves bys vykken ha bynari.

6 An eskar re dhifygas, ha'y vagoryow a vydh bys vykken : ty re dhiwreydhyas aga sitys; aga hovadh res eth dhe goll.

7 Mes an Arloedh a esedh yn y se bys vykken : ev re dharbaras y se rag breus.

8 Hag ev a vreus an nor yn gwiryonedh : ev a re gwirvreus dhe'n poblow yn ewnder.

9 An Arloedh ynwedh a vydh dinas dhe'n den truan : dinas yn prysyow anken.

10 Ha'n re aswonn dha Hanow a drest ynnos jy : rag ty, A Arloedh, ny forseksys seul a'th hwila.

11 Kenewgh gormeula dhe'n Arloedh trygys yn Sion : derivewgh y wriansow ev yn mysk an poblow.

12 Rag neb a dhervynn goes yn dial a berth kov anedha : ny ankev ev garm an dus voghosek.

13 Bydh grassyes orthiv, A Arloedh; mir orth ow anken, a wodhavav diworth an re a'm kas : ty neb a'm drehav diworth porthow mernans;

8

14 Rag may teriffiv oll dha wormeula yn porthow myrgh Sion : my a lowenha y'th selwyans jy.

15 An kenedhlow re sedhas y'n pytt a wrussons : y'n roes a gudhsons, aga throes aga honan re beu kechys.

16 Aswonnys yw an Arloedh, ev re wrug breus : an tebelwas yw meglys gans ober y dhiwleuv y honan.

17 An debeles a dhehwel dhe ifarn : oll an kenedhlow hag a ankovas Dyw.

18 Rag ny vydh an den edhommek ankevys bynytha : ha nyns a dhe goll bys vykken govenek an dus voghosek.

19 Sav, A Arloedh, na as den dhe dryghi : bedhes an kenedhlow breusys a-dheragos.

20 Gorr own ynna, A Arloedh : godhvydhes an kenedhlow nag yns marnas tus.

SALM 10. *Ut quid, Domine?*

1 Prag, A Arloedh, y sevydh a-bell : prag yth omgelydh yn prysyow anken?

2 An tebelwas yn y woeth a helgh an den boghosek : bedhens i kechys gans an devisys a dybsons.

3 Rag an tebelwas a vost a vynnas y enev : an lader a gabel ha dispresya an Arloedh.

4 Yn goeth y fas, ny'n hwila an tebelwas : oll y dybyansow yw, Nyns eus Dyw.

5 Y fordhow yw defolys pup-prys : yma dha vreusow a-vann yn-mes a'y wel; ev a hwyth orth y eskerens oll.

6 Ev re leveris yn y golonn, Ny drebuchyav vy : a unn henedh dhe'n nessa ny vydhav yn anken.

7 Y anow ev yw leun a vollethyans ha falsuri ha kompressans : yn-dann y daves yma dregynn ha sherewneth.

8 Ev a esedh yn godegh an trevow : y'n kovvaow y ladh ev an den gwiryon; y dhewlagas a aspi an anfeusik yn-dann gudh.

9 Ev a gontrewayt yn-dann gel avel lew yn y wodegh : ev a gontrewayt rag may talghenno an den boghosek.

10 Ev a dhalghenn an den boghosek : orth y denna yn y roes.

11 Ev a blatt, ev a bleg yn-nans : rag may koettho an anfeusik yn y alloes.

12 Ev a leveris yn y golonn, Dyw re ankevis : ev a gudh y fas, ha ny wel nevra.

13 Sav, A Arloedh; A Dhyw, drehav dha leuv : na ankov an re voghosek.

14 Prag y hwra an tebelwas dispresya Dyw : ow leverel yn y golonn, Ny wra ev attendya.

15 Ty re'n gwelas, rag ty a wra vri a boenvos ha dughan, dh'y gemmeres y'th tiwleuv : an anfeusik a gemmynn y honan dhiso jy; ty yw gwereser an omdhivas.

16 Torr bregh an tebelwas ha'n drogoberer : hwither y sherewneth ma na vo kevys namoy.

17 An Arloedh yw Myghtern bys vykken ha bynari : an kenedhlow res eth dhe goll yn-mes a'y dir ev.

18 Arloedh, ty re glywas govynnadow an re hwar : ty a gennerth aga holonn, ty a wra dhe'th skovarn klywes;

19 Dhe ri gwirvreus dhe'n omdhivas ha'n truan : ma na wrello den a'n nor gorra own namoy.

SALM 11. *In Domino confido.*

1 Y'n Arloedh y trestyav : fatell leverowgh dhe'm enev, Nij dhe'n menydh avel edhen?

2 Rag ott, an debeles a bleg an warak, i a dharbar aga sethow war an gordenn : rag may tennons y'n tewlder dhe'n re ewn aga holonn.

3 Mars yw an selyow distruys : pandr'a yll an den gwiryon dhe wul?

4 Yma an Arloedh yn y dempel sans : yma se an Arloedh y'n nevow.

5 Y dhewlagas a vir : kreghyn y dhewlagas a brev mebyon den.

6 An Arloedh a brev an den gwiryon ha'n tebelwas : ha'y enev a gas an den a gar garowder.

7 Ev a wra dhe golennow tan ha loskven koedha war an debeles avel glaw : gwyns poeth a vydh aga rann dhe eva.

8 Rag an Arloedh yw gwiryon, ev a gar gwiryonedh : an den ewnhynsek a wel y fas.

Gwesper 2

SALM 12. *Salvum me fac.*

1 Salw, A Arloedh, rag nyns eus unn dremas gesys : rag an dus len re dhifygas mes a vebyon den.

2 I a lever euveredh, pub den gans y hynsa : gans gweus fekyl ha kolonn dhewblek y kowsons.

3 An Arloedh a dregh oll gweusyow fekyl : an taves hag a lever taklow ughel;

4 Neb a leveris, Gans agan taves y tryghyn ni : agan gweusyow yw dhyn ni; piw yw arloedh warnan ni?

5 Drefenn an voghosogyon dhe vos revnys : drefenn kynvann an edhommogyon,

6 Lemmyn my a sev, yn-medh an Arloedh : my a'n gorr y'n sawder a yeun ev.

7 Lavarow an Arloedh yw lavarow glan : avel arghans teudhys yn forn a bri, glanhes seythgweyth.

8 Ty a's syns, A Arloedh : ty a's gwith rag an genedhel ma bys vykken.

9 An debeles a gerdh a bub tu : ha bileni ow pos ughelhes yn mysk mebyon den.

SALM 13. *Usque quo, Domine?*

1 Pestermyn y'm ankevydh, A Arloedh, bynytha : pestermyn y kudhydh dha fas diworthiv?

2 Pestermyn y porthav moredh y'm enev, ha galar y'm kolonn dres an jydh : pestermyn y fydh ow eskar ughelhes warnav?

3 Mir, ha gorthyp dhymm, A Arloedh ow Dyw : ro golow dhe'm dewlagas, ma na goskkiv yn hun ankow;

4 Ma na lavarro ow eskar, My re dryghis er y bynn : ha ma na lowenhaho ow envi pan wrav vy trebuchya.

5 Mes my re drestyas y'th tregeredh : ow holonn a lowenha y'th selwyans.

6 My a gan dhe'n Arloedh : rag ev re beu hel orthiv.

SALM 14. *Dixit insipiens.*

1 An den anfur re leveris yn y golonn : Nyns eus Dyw.

2 Podrethek yns i, hag i re wrug obereth kasadow : nyns eus denvydh a wrello dader.

3 An Arloedh a viras yn-nans diworth nev war vebyon den : dhe weles mars esa neb den fur ow hwilas Dyw.

4 Pubonan re drelyas a-denewen, podrethek yns i warbarth : nyns eus denvydh a wrello dader, nyns eus nagonan.

5 A ny gonvedh an dhrogoberoryon oll : hag i ow tybri ow fobel kepar dell dhebrons bara? Ny awlsons war Dhyw.

6 Ena yth esens i yn own bras : rag yma Dyw gans an dus wiryon.

7 Hwi a dhispres kusul an den boghosek : mes an Arloedh yw y skovva.

8 A teffa selwyans Ysrael yn-mes a Sion! Pan drel an Arloedh kethneth y bobel ev : Yakob a lowenha, ha heudhik vydh Ysrael.

Myttin 3

SALM 15. *Domine, quis habitabit?*

1 Arloedh, piw a dryg y'th tylda : piw a annedh dha venydh sans?

2 Neb a gerdh heb namm : ha gul gwiryonedh, ha kewsel gwirder yn y golonn;

3 An den nag eus mikenn war y daves, ha na wra drogober dh'y hynsa : ha na wodhev sklander erbynn y gentrevek.

4 Neb a dhispres an podrynn yn y wolok ev : ha neb a wordh an re a berth own a'n Arloedh.

5 Neb a de ti dh'y hynsa : ha ny drel diworto.

6 Neb na ros y arghans yn oker : ha na gemmeras fals-wober erbynn an den gwiryon.

7 Neb a wra an taklow ma : ny vydh ow trebuchya bynytha.

SALM 16. *Conserva me, Domine.*

1 Gwith vy, A Dhyw : rag ynnos jy y trestyav.

2 My re leveris dhe'n Arloedh : Ty yw ow Arloedh, nyns eus genev sewena a-der ty.

3 Yn kever an sens usi y'n bro : ha'n re vryntin, yma oll ow lowena ynna i.

4 Aga galarow a voghha : seul a fysk war-lergh dyw arall.

5 Ny offrynnav vy goes aga offrynnow-diwes : ha ny gemmerav aga henwyn y'm diwweus.

6 An Arloedh yw ow rann dhewisys ha'm hanaf : ty a venten ow hevrenn.

7 An rann re goedhas ragov yn tylleryow teg : devri yma dhymm ertaj splann.

8 My a vennik an Arloedh, neb a ros dhymm kusul : devri ow lonethi a'm kesk yn termyn nos.

9 My re worras an Arloedh prest a-dheragov : drefenn y vos ev a'm leuv dheghow, ny drebuchyav vy.

10 Rakhenna heudhik yw ow holonn, ha'm enev a lowenha : ha'm kig ynwedh a dryg yn diagha.

11 Rag ny vynnydh gasa ow enev yn ifarn : na ri dha Sans dhe weles an pytt.

12 Ty a dhiskwa dhymm an fordh a vywnans; y'th wolok jy yma lanwes lowena : y'th leuv dheghow yma joy nevra a bes.

SALM 17. *Exaudi, Domine.*

1 Klyw an gwir, A Arloedh, gwra vri a'm garm : ro skovarn dhe'm pysadow mes a dhiwweus heb gil.

2 Des ow breus yn-mes a-dhiworthis : gweles dha dhewlagas ewnder.

3 Ty re brovas ow holonn; ty re wrug vri ahanav y'n nos; ty re'm assayas ha ny gevsys sherewneth ynnov : ny vydh ow ganow ow pegha.

4 Yn kever oberow den, herwydh geryow dha dhiwweus : my re omwithas rag hynsyow an den garow.

5 Ow hammow re lenas fast orth dha hynsyow jy : ny drebuchyas ow threys.

6 My re elwis warnas, rag ty a worthyp dhymm, A Dhyw : pleg dha skovarn dhymm ha klyw ow lavarow.

7 Diskwa marthusyon dha dregeredh, ty neb a selow an re a drest ynnos jy : neb a's delirv dre dha leuv dheghow diworth an re a sev er aga fynn.

8 Gwith vy avel byw an lagas : kudh vy yn-dann skeus dha eskelli,

9 Diworth an debeles a'm gwask : ow eskerens fell neb a omsett a-dro dhymm.

10 I a vayl aga holonn gans blonek : gans aga ganow i a lever yn hwoethus.

11 I a dheu yn-rag er ow fynn, lemmyn i a omsett a-dro dhymm : ervirys yns i ow thewlel dhe'n leur.

12 Hevelep yw ev orth lew hwansek a breydh : ha kepar ha lew yowynk ow skolkya yn-dann gel.

13 Sav, A Arloedh, deus er y bynn, ha'y dewlel yn-nans : delirv ow enev diworth an tebelwas, dre dha gledha;

14 Diworth tus, dre dha leuv, A Arloedh, diworth tus an bys ma : re gaffons aga rann y'n bywnans ma, ha bedhes aga thorr lenwys a'th kessydhyans kudh.

15 Bedhes aga fleghes lenwys : ha gasens an remenant a'n kessydhyans dh'aga babanes i.

16 Mes my a hwither war dha fas yn gwiryonedh : lowr vydh ragov, pan dhifunav, gweles dha hevelep.

Gwesper 3

SALM 18. *Diligam te, Domine.*

1 My a'th kar, A Arloedh, ow nerth; an Arloedh yw ow harrek, ha'm kastell, ha'm delivrer : ow Dyw, ow harrek krev may trestyav ynno, ow skoes, ha korn ow selwyans, ha'm dinas.

2 My a elow war an Arloedh, neb yw gwiw dhe vos gordhys : ytho my a vydh selwys a'm eskerens.

3 Kerdyn ankow esa a-dro dhymm : ha frosow terros a'm sowdhanas.

4 Kerdyn ifarn esa a-dro dhymm : antylli mernans esa a-dheragov.

5 Y'm anken my a elwis war an Arloedh : ha dhe'm Dyw y krias vy.

6 Ev a glywas ow lev yn-mes a'n tempel : ha'm kri a-dheragdho a dheuth bys yn y dhiwskovarn.

7 Ena an nor a grenas ha kryghylli : ha selyow an menydhyow a grysyas ha krena, awos y vos serrys.

8 Mog a yskynnas mes a'y dhewfrik : ha tan a'y anow, ow tevorya; kolennow a dardhas yn flammow a-dheragdho.

9 Hag ev a blegyas an nevow, hag eth yn-nans : ha tewolgow esa yn-dann y dreys.

10 Hag ev a varghogas war jerubyn hag a nijas : ev a nijas uskis war eskelli an gwyns.

11 Ev a wrug tewlder y gudhans, y skovva ev a-dro dhodho : tewlder dowrow, ha kommol du an ebrenn.

12 Diworth an golowder a-dheragdho y tardhas y gommol : keser ha kolennow tan.

13 An Arloedh ynwedh a darenas y'n nevow, ha'n Gorughella a ros y lev : keser ha kolennow tan.

14 Ev a dhellos y sethow ha'ga heskar : ha lughes pals, ha'ga domhwel.

15 Ena yth omdhiskwedhas goverow dowr, ha selyow an norvys a veu diskudhys, orth dha geredh, A Arloedh : orth hwyth anall dha dhewfrik.

16 Ev a dhellos diworth an ughelder ha'm kemmeres : ev a'm tennas mes a dowrow pals.

17 Ev a'm delivras diworth ow eskar galloesek ha'n re a'm kas : rag yth ens i re grev ragov.

18 I a dheuth er ow fynn yn jydh ow anfeusi : mes an Arloedh o ow skoedhyans.

19 Hag ev a'm dros yn-mes dhe dyller ledan : ev a'm delivras, drefenn ev dhe'm kara.

20 An Arloedh a'm gobras herwydh ow gwiryonedh : herwydh glander ow diwleuv yth attylis ev dhymmo vy.

21 Rag my re synsis fordhow an Arloedh : ha ny dhiberthis yn treus diworth ow Dyw.

22 Rag yth esa oll y vreusow ev a-dheragov : ha ny wrugavy dh'y ordenansow diberth diworthiv.

23 Hag yth en vy divlam a-dheragdho : ha my a omwithas rag ow drogobereth.

24 Rakhenna an Arloedh re attylis dhymm herwydh ow gwiryonedh : herwydh glander ow diwleuv yn y wolok ev.

25 Gans an den tregeredhus ty a vydh tregeredhus : gans den divlam ty a vydh divlam.

26 Gans an den glan ty a vydh glan : ha gans an den gorth ty a vydh gorth.

27 Rag ty a selow an bobel voghosek : mes ty a dhre ynnans an dewlagas goethus.

28 Rag ty a enow ow hantol : an Arloedh ow Dyw a wra dhe'm tewlder splanna.

29 Rag genes jy y resav erbynn bagas marghogyon : hag y'm Dyw vy my a yll lemmel dres fos.

30 Dyw yw divlam y fordh : lavar an Arloedh yw prevys; skoes yw dhe seul a drest ynno ev.

31 Rag piw yw Dyw marnas an Arloedh : ha piw yw karrek marnas agan Dyw ni?

32 Dyw yw neb a worr grogys a nerth a-dro dhymm : hag a wra ow fordh divlam.

33 Ev a wra ow threys kepar ha treys ewiges : ha'm gorra diogel war ow leow ughel.

34 Ev a dhysk dhe'm diwleuv gwerrya : ha'm dywvregh a bleg gwarak a vrest.

35 Ha ty re ros dhymm skoes dha selwyans : dha leuv dheghow a'm menten, ha'th weres re'm meurhas.

36 Ty a ros spas ledan rag ow hammow yn-dannov : ma na drebucchyo ow threys.

37 My a helgh ow eskerens ha'ga hachya : ha ny dhehwelav erna vons distruys.

38 My a's brew ma na allons sevel : i a goedh yn-dann ow threys.

39 Rag ty re worras grogys a nerth a-dro dhymm rag an gas : ty re worras yn-dannov an re a sevis er ow fynn.

40 Ty a wrug dhe'm eskerens trelya aga heynow : may hallen vy kisya an re a'm kas.

18

41 I a grias, mes nyns esa neb a's salwa : war an Arloedh, mes ny worthybis dhedha.

42 My a's brewis munys avel doust a-dherag an gwyns : my a's skoellyas avel strol an stretys.

43 Ty re'm delivras diworth strifow an bobel, ha'm gorra yn penn an kenedhlow : pobel na aswonnis vy a wra ow servya.

44 Kettell glywons ahanav, gostyth yns i dhymmo : estrenyon a omblek dhymmo vy.

45 Estrenyon yw diskonfortys : i a dheu ow krena yn-mes a'ga heryow.

46 An Arloedh a vyw, ha bennigys re bo ow harrek : ha bedhes Dyw ow selwyans ughelhes;

47 An Dyw neb a gemmer dial ragov : hag a worr an poblow yn-dannov.

48 Ev a'm delirv diworth ow eskerens, ha'm drehevel a-ugh an re a sev er ow fynn : ty a'm delirv diworth an den garow.

49 Rakhenna, my a'th wormel, A Arloedh, yn mysk an kenedhlow : ha kana gormeula dhe'th Hanow.

50 Ev a re selwyans meur dh'y Vyghtern : hag a wra tregeredh dh'y Anoyntys ev, dhe Dhavydh ha dh'y has bys vykken.

Myttin 4

SALM 19. *Coeli enarrant.*

1 An nevow a dheriv golowder Dyw : ha'n fyrmament a dhiskwa ober y dhiwleuv.

2 Dydh a gews orth dydh : ha nos a dhiskwa skentoleth dhe nos.

3 Nyns eus kows na geryow : nyns yw aga lev klywys.

4 Aga lev a yn-mes dhe oll an nor : ha'ga lavarow dhe bennow an norvys.

5 Ynna i y hworras ev tylda a-barth an howl, a dheu yn-mes avel gour pries diworth y jambour : ow lowenhe avel kampyer dhe resek y hyns.

6 Ev a yn-mes a benn an nevow, hag yma y hyns dhe'n penn arall anedha : ha nyns eus travydh kudhys rag y doemmder.

7 Lagha an Arloedh yw perfeyth, ow kul dhe'n enev dasvywa : dustuniow an Arloedh yw sur, ow ri furneth dhe'n re sempel.

8 Arghadowyow an Arloedh yw ewn, ow lowenhe an golonn : gorhemmynn an Arloedh yw pur, ow ri golow dhe'n dhewlagas.

9 Own an Arloedh yw glan, ow turya bys vykken : breusow an Arloedh yw len, ha gwiryon yn tien.

10 Moy desirys yns i ages owr, ages meur a owr fin : ha hwekka yns i es mel, ha'n gribenn mel.

11 Dha servyas ynwedh yw gwernys gansa : yma gober meur dhe'n re a wra aga synsi.

12 Piw a woer konvedhes y gammweythyow : glanha vy diworth ow feghosow kudh.

13 Gwith dha servyas ynwedh rag peghosow bolder; na wrens i maystri warnav : ena y fydhav divlam, ha my a vydh glan a beghadow meur.

14 Bedhes lavarow ow ganow ha prederow ow holonn plegadow y'th wel : A Arloedh ow nerth ha'm dasprenyas.

SALM 20. *Exaudiat te Dominus.*

1 An Arloedh re worthyppo dhis yn jydh anken : Hanow Dyw Yakob re'th wittho.

2 Re dhannvonno ev gweres dhis diworth an sentri : ha'th krevhe jy diworth Sion.

3 Re borttho kov a'th offrynnow oll : ha degemmeres dha offrynnow leskys.

4 Re wronttyo dhis mynnas dha golonn : ha kowlwul oll dha gusul.

5 Ni a lowenha y'th selwyans, hag yn Hanow an Arloedh agan Dyw y trehevyn agan baneryow : re gowlwrello an Arloedh oll dha wovynnadow.

6 Lemmyn my a woer an Arloedh dhe selwel y Anoyntys; ev a worthyp dhodho diworth nevow y sansoleth : y'n nerth a selwyans y leuv dheghow.

7 Re a drest yn charetys ha re yn mergh : mes ni a berth kov a Hanow an Arloedh agan Dyw.

8 Plegys yns i y'n dor, ha koedhys : mes ni a sev, ha fastyes on ni.

9 A Arloedh, salw an Myghtern : ha gorthyp dhyn y'n dydh may helwyn.

SALM 21. *Domine, in virtute tua.*

1 An Myghtern a lowenha y'th nerth, A Arloedh : hag y'th selwyans, ass vydh ev heudhik!

2 Ty re ros dhodho hwans y golonn : ha ny neghsys dhodho govynnadow y dhiwweus.

3 Rag ty a a-dheragdho gans bennathow dader : ty a worr kurun a owr fin war y benn.

4 Ev a dhervynnas bywnans orthis, ha ty a'n ros dhodho : dydhyow hir bys vykken ha bynari.

5 Meur yw y wolowder ev y'th selwyans : ty a worr splannder ha meuredh warnodho.

6 Rag ty a ros dhodho bennathow bys vykken : ty a'n gwra heudhik gans lowena a-wel dhe'th fas.

7 Rag an Myghtern a drest y'n Arloedh : ha dre dregeredh an Gorughella ny wra ev trebuchya.

8 Dha leuv a gemmer oll dha eskerens : dha leuv dheghow a gemmer an re a'th kas.

9 Ty a's gwra kepar ha forn a dan yn prys dha sorr : an Arloedh a's kollenk yn y goler ev, ha'n tan a's deber.

10 Ty a dhistru aga frut diworth an nor : ha'ga has diworth mebyon den.

11 Rag i a vynnas drog er dha bynn : i a dewlis dregynn, mes ny allsons y wul.

12 Rakhenna ty a wra dhedha trelya aga heyn : ty a dharbar kerdyn dha waregow erbynn aga fasow.

13 Bydh ughelhes, A Arloedh, y'th nerth : ni a gan hag a wormel dha alloes.

Gwesper 4

SALM 22. *Deus, Deus meus.*

1 Ow Dyw, ow Dyw, prag y'm gessys : prag yth esosta mar bell diworth ow selwyans, ha diworth geryow ow hynvann?

2 Ow Dyw, my a arm dydhweyth, ha ny worthybydh : nosweyth ynwedh, ha ny dawav vy.

3 Mes ty yw sans : prest ow tryga yn gologhas Ysrael.

4 Agan tasow a drestyas ynnos jy : i a drestyas, ha ty a's delivras.

5 I a armas warnas jy, ha delivrys vons i : i a drestyas ynnos, ha ny vons i toellys.

6 Ha my, pryv ov vy, nyns ov vy den : skorn mab-den, ha dispresys gans an bobel.

7 Seul a'm gwel a wra ges ahanav : i a gamm aga min ha shakya an penn.

8 Ev a drestyas y'n Arloedh ma'n deliffra : gwres ev y dhelivra, rag ev a'n kar.

9 Mes ty yw neb a'm kemmeras mes a'n brys : ty a'm gwithas saw war dhiwvronn ow mamm.

10 Tewlys en vy warnas a-dhiworth an brys : ty yw ow Dyw a-dhiworth torr ow mamm.

11 Na vydh pell diworthiv, rag anken a dheu yn ogas : ha nyns eus neb a weresso.

12 Terewi pals re dheuth y'm kyrghynn : terewi krev a Bashan a omsett a-dro dhymm.

13 I a iger aga ganow a-les er ow fynn : kepar ha lew ow ravna hag ow pedhygla.

14 Skoellys ov vy avel dowr, ha'm eskern oll yw diskevelsys : ow holonn yw kepar ha koer; teudhys yw yn mysk ow holodhyon.

15 Ow nerth yw desyghys avel priweyth brewys, ha'm taves a len orth ow grudh : ha ty a'm gorr yn doust ankow.

16 Rag keun re dheuth a-dro dhymm : kuntelles an debelwesyon re'm keas; i re wanas ow diwleuv ha'm treys.

17 My a yll nivera ow eskern oll : i a lagatt hag a vir orthiv.

18 I a rann ow dillas yntredha : war ow gwisk i a dewl prenn.

19 Mes na vydh pell diworthiv, A Arloedh : ow nerth, deus uskis dhe'm gweres.

20 Delirv ow enev diworth an kledha : ow bywnans diworth maystri an ki.

21 Salw vy a anow an lew : rag ty re'm gorthybis yn-mes a gern an oghen gwyls.

22 My a dheriv dha Hanow dhe'm breder : yn mysk an kuntelles my a'th wormel.

23 Hwi neb a berth own a'n Arloedh, gormeulewgh ev : hwi oll, has Yakob, gordhyewgh ev, ha hwi oll, has Ysrael, perthewgh own anodho.

24 Rag ny dhispresyas ev nag aborrya anken an den truan : ha ny gudhas y fas ragdho; mes pan grias warnodho ev a'n klywas.

25 Ahanas jy yw ow gormeula y'n kuntelles meur : my a dal ow ambosow a-wel dhe'n re a berth own ahanas.

26 An dus truan a dheber hag a vydh lenwys : an re a hwila an Arloedh a'n gormel; re vywo agas kolonn bynari.

27 Oll pennow an norvys a berth kov ha trelya dhe'n Arloedh : hag oll teyluyow an kenedhlow a wordh a-dheragos.

28 Rag yma an mestrynses dhe'n Arloedh : hag ev yw an rewler yn mysk an kenedhlow.

29 Oll an vrasyon war an nor a dheber ha gordhya : oll an re a yn-nans dhe'n doust a bleg a-dheragdho, ha ny yll denvydh bywhe y enev y honan.

30 Linyeth a'n serv : tus a re derivas a'n Arloedh dhe'n henedh a dheu.

31 I a dheu, ha derivas y wiryonedh : dhe bobel a vydh genys, ev dhe vos neb a wrug hemma.

SALM 23. *Dominus regit me.*

1 An Arloedh yw ow bugel : ny vydh esow warnav.

2 Ev a wra dhymm growedha yn peurvaow gwyrdh : ev a'm hembronk ryb an dowrow kosel.

3 Ev a wra dhe'm enev dasvywa : ev a'm hembronk yn hynsyow ewnder a-barth y Hanow ev.

4 Ha kyn kerdhav dre nans skeus ankow, ny borthav own a dhrog : rag yth esosta genev; dha welenn ha'th lorgh a'm hebaskha.

5 Ty a dharbar moes a-dheragov yn gwel ow eskerens : ty re untyas ow fenn gans oyl; ow hanaf yw gorlenwys.

6 Devri, dader ha tregeredh a'm hol oll dydhyow ow bywnans : ha my a dryg yn chi an Arloedh bynytha.

Myttin 5

SALM 24. *Domini est terra.*

1 Dhe'n Arloedh yma an nor ha myns usi ynno : an norvys, ha'n re usi trygys ynno.

2 Rag ev re'n selyas war an moryow : ha'y fastya war an dowrow.

3 Piw a yskynn yn menydh an Arloedh : ha piw a sev yn y dyller sans?

4 An den glan y dhiwleuv ha pur y golonn : na dhrehevis y enev dhe euveredh, na gowlia.

5 Ev a dhegemmer bennath diworth an Arloedh : ha gwirvreus diworth Dyw y selwyans ev.

6 Hemm yw kenedhel an re a'n hwila : neb a hwila fas an Dyw a Yakob.

7 Drehevewgh agas pennow, hwi borthow, ha bedhewgh drehevys, hwi dharasow heb diwedh : ha'n Myghtern a wolowder a dheu a-bervedh.

8 Piw yw an Myghtern a wolowder : an Arloedh krev ha galloesek, an Arloedh galloesek yn kas.

9 Drehevewgh agas pennow, hwi borthow : ha bedhewgh drehevys, hwi dharasow heb diwedh, ha'n Myghtern a wolowder a dheu a-bervedh.

10 Piw yw an Myghtern a wolowder : Arloedh an luyow, ev yw an Myghtern a wolowder.

SALM 25. *Ad te, Domine, levavi.*

1 Dhiso jy, A Arloedh, y trehavav ow enev; Ow Dyw, my a drest ynnos jy : na as vy dhe berthi meth, na vedhes ow eskerens heudhik a'm govis.

2 Devri, na berthes meth an re a drest ynnos jy : perthes meth an re a wra falsuri heb ken.

3 Diskwa dhymm dha fordhow, A Arloedh : dysk dhymm dha hynsyow.

4 Hembronk vy y'th wirder, ha dysk dhymmo vy : rag ty yw Dyw ow selwyans; ynnos jy y trestyav dres an jydh.

5 Porth kov, A Arloedh, a'th truedh ha'th tregeredh : rag i re beu yn fyw trank heb worfenn.

6 Na borth kov a beghosow ow yowynkneth, na'm kammweyth : herwydh dha dregeredh porth kov ahanav, A Arloedh, a-barth dha dhader.

7 Da hag ewn yw an Arloedh : rakhenna ev a dhysk dhe beghadoryon y'n fordh.

8 Ev a hembronk an re uvel yn gwirvreus : hag ev a dhysk y fordh dhe'n re voghosek.

9 Oll hynsyow an Arloedh yw tregeredh ha gwirder : dhe'n re a with y gevambos ha'y dhustuniow.

10 A-barth dha Hanow, A Arloedh : gav dhymm ow sherewneth, rag meur yw.

11 Py den yw ev neb a berth own a'n Arloedh : ev a dhysk dhodho y'n fordh a dhewis ev.

12 Y enev a dryg yn sewenyans : ha'y has a erit an norvys.

13 Yma kevrin an Arloedh gans an re a berth own anodho : hag ev a dhiskwa dhedha y gevambos.

14 Prest yma ow dewlagas war an Arloedh : hag ev a dhre ow threys yn-mes a'n roes.

15 Trel dhymmo vy, ha bydh grassyes orthiv : rag digoweth ha boghosek ov vy.

16 Ankenyow ow holonn yw meur aga niver : tenn vy yn-mes a'm ankres.

17 Mir orth ow anken ha'm poenvos : ha gav oll ow feghosow.

18 Mir orth ow eskerens, rag meur yw aga niver : ha gans kas fell i a'm kas.

19 Gwith ow enev ha gwra ow delivra : na as vy dhe berthi meth, rag my a drest ynnos jy.

20 Re'm gwittho perfeythter ha gwiryonses : rag my a drest ynnos jy.

21 Daspren Ysrael, A Dhyw : yn-mes a'y ankenyow oll.

SALM 26. *Judica me, Domine.*

1 Breus vy, A Arloedh, rag my re gerdhas heb namm : ha my re drestyas y'n Arloedh heb trebuchya.

2 Hwither vy, A Arloedh, ha prov vy : assay ow lonethi ha'm kolonn.

3 Rag yma dha dregeredh a-dherag ow dewlagas : ha my re gerdhas y'th wirder.

4 Ny esedhis vy gans koegyon : ha ny gowethyav gans tus fekyl.

5 My re gasas kuntelles an dhrogoberoryon : ha ny esedhav gans an debelwesyon.

6 My a wolgh ow diwleuv yn gwiryonses : ha mos a-dro dhe'th alter, A Arloedh;

7 Ow kana kan a wormeula : hag ow terivas dha varthusyon oll.

8 Arloedh, my re garas trygva dha ji : an tyller mayth annedh dha wolowder.

9 Na guntell ow enev gans peghadoryon : na'm bywnans gans tus woesek;

10 Yma dregynn y'ga diwleuv : ha'ga leuv dheghow yw leun a fals-wobrow.

11 Ha my, my a gerdh heb namm : daspren vy, ha bydh grassyes orthiv.

12 Ow throes a sev yn tyller kompes : y'n kuntellesow my a'th vennik, A Arloedh.

SALM 27. *Dominus illuminatio.*

1 An Arloedh yw ow golow ha'm selwyans; piw anodho y porthav own : an Arloedh yw nerth ow bywnans; piw anodho y fydhav ownek?

2 Pan dheuth an dhrogoberoryon y'm ogas dhe dhybri ow hig : ow eskerens ha'm envi, i a drebuchyas ha koedha.

3 Kynth omsettyo lu er ow fynn, ny berth ow holonn own : kyn sorttyo bresel er ow fynn, hwath my a vydh leun a fydh.

4 Unn dra a dhervynnis vy orth an Arloedh, henna a hwilav vy : my dhe annedhi chi an Arloedh dres oll dydhyow ow bywnans, dhe vires orth splannder an Arloedh, ha dhe hwithra yn y dempel.

5 Rag yn jydh anken ev a'm kel yn y skovva : yn goskes y dylda ev a'm kudh, ha'm gorra a-ugh war garrek.

6 Ha lemmyn, ow fenn a vydh ughelhes : a-ugh ow eskerens a-derdro.

7 Ha my a offrynn sakrifisys a lowena yn y skovva : my a gan, ha kana gormeula dhe'n Arloedh.

8 Goslow, A Arloedh, pan armav gans ow lev : bydh grassyes orthiv, ha gorthyp dhymm.

9 Ow holonn re leveris ahanas, Hwila y fas : dha fas, A Arloedh, a hwilav vy.

10 Na gudh dha fas ragov : na dowl dha servyas dhe-ves yn sorr.

11 Ty re beu ow gweres : na wra ow gasa na forsakya, A Dhyw ow selwyans.

12 Pan y'm forsak vy ow thas ha'm mamm : an Arloedh a'm degemmer.

13 Dysk dhymm dha fordh, A Arloedh : ha hembronk vy yn hyns kompes, awos ow eskerens.

14 Na'm ro vy dhe vynnas ow eskerens : rag dustuniow fals re sevis er ow fynn, ha'n re a gews yn hager.

15 Hemma a grysav, my dhe weles dader an Arloedh : yn tir an re vyw.

16 Gwra fydhya y'n Arloedh : bydh nerthek ha bedhes dha golonn konfortys; ha gorta an Arloedh.

SALM 28. *Ad te, Domine.*

1 Warnas jy y halwav, A Arloedh ow harrek : na vydh bodhar orthiv vy, ma na viv, mar tewydh, kepar ha'n re a dhiyskynn dhe'n pytt.

2 Klyw lev ow govynnadow, pan alwav warnas : pan dhrehavav ow diwleuv troha'th tempel sans.

3 Na'm kemmer vy dhe-ves gans an debeles ha gans an dhrogoberoryon : neb a lever kres gans aga hynsa, ha dregynn y'ga holonn.

4 Ro dhedha i herwydh aga ober : ha herwydh sherewneth aga gwriansow.

5 Ro dhedha i herwydh ober aga diwleuv : attal dhedha i aga werison gwiw.

6 Rag ny wrons vri a wriansow an Arloedh, na ober y dhiwleuv : ev a's tewl yn-nans, ha ny's drehav.

7 Bennigys re bo an Arloedh : rag ev re glywas lev ow govynnadow.

8 An Arloedh yw ow nerth ha'm skoes; ow holonn re drestyas ynno ev, ha gweresys ov vy : rakhenna ow holonn a lowenha yn feur, ha gans ow han my a'n gormel.

9 An Arloedh yw nerth y bobel : hag ev yw skovva selwyans y Anoyntys.

10 Salw dha bobel, ha bennik dha ertaj : bydh aga bugel, ha'ga drehevel bynytha.

SALM 29. *Afferte Domino.*

1 Rewgh dhe'n Arloedh, hwi vebyon Dyw : rewgh dhe'n Arloedh gordhyans ha nerth.

2 Rewgh dhe'n Arloedh an gordhyans a dhegoedh dh'y Hanow : gordhyewgh an Arloedh yn tekter sansoleth.

3 Yma lev an Arloedh war an dowrow : an Dyw a wolowder a wra taran; yma an Arloedh war an dowrow meur.

4 Lev an Arloedh yw galloesek : lev an Arloedh yw leun a splannder.

5 Lev an Arloedh a derr an kederwydh : ha'n Arloedh a derr kederwydh Lebanon.

6 Hag ev a wra dhedha terlemmel avel leugh : Lebanon ha Siryon avel ojyon gwyls yowynk.

7 Lev an Arloedh a rann flammow tan; lev an Arloedh a wra dhe'n difeyth krena : an Arloedh a wra dhe dhifeyth Kadesh krena.

8 Lev an Arloedh a wra dhe'n derow krena hag a lommha an koesow : hag yn y dempel pubonan a gews a'y wolowder.

9 An Arloedh a esedh yn y se war an liv : ha'n Arloedh a esedh avel Myghtern bys vykken.

10 An Arloedh a re nerth dh'y bobel : an Arloedh a vennik y bobel gans kres.

SALM 30. *Exaltabo te, Domine.*

1 My a'th ughelha, A Arloedh, rag ty re'm drehevis : ha ny essys ow eskerens dhe lowenhe y'm kever.

2 A Arloedh ow Dyw, my a grias warnas : ha ty re'm yaghhas.

3 A Arloedh, ty re dhros ow enev a-vann diworth ifarn : ty re'm bywhas, ma na ylliv yn-nans dhe'n pytt.

4 Kenewgh gormeula dhe'n Arloedh, hwi y sens ev : ha gressewgh dh'y Hanow sans.

5 Rag ny dhur y sorr saw pols byghan; yn y ras yma bywnans : oelva a dhur dres an nos, mes lowena a dheu y'n myttin.

6 Ha my, my a leveris y'm sewenyans : Ny drebuchyav vy nevra.

7 Y'th tader, A Arloedh, ty a wrussa dhymm sevel avel menydh krev : mes ty a gudhas dha fas, hag amayys veuv.

8 Warnas jy, A Arloedh, y helwis vy : hag orth an Arloedh y hwrugavy govynnadow.

9 Py les a vydh y'm goes pan av vy yn-nans dhe'n pytt : a vydh an doust orth dha wormeuli, a vydh ev ow terivas dha wirder?

10 Klyw, A Arloedh, ha bydh grassyes orthiv : A Arloedh, bydh ow gwereser.

11 Ty re drelyas ow hynvann dhe dhons : ty re dhiwiskas ow yskar ha'm gwiska gans lowender avel grogys.

12 Rakhenna ow enev a gan gormeula ha ny dew : A Arloedh ow Dyw, my a'th wormel bys vykken.

SALM 31. *In te, Domine, speravi.*

1 Ynnos jy, A Arloedh, y trestyav : na as vy nevra dhe berthi meth; gwra ow delivra y'th wiryonedh.

2 Pleg dha skovarn dhymm; gwra ow delivra yn uskis : bydh dhymm karrek grev, ha kastell dhe'm selwel.

3 Rag ty yw ow harrek grev ha'm kastell : a-barth dha Hanow, bydh ow hembrenkyas ha kevarwoedh vy.

4 Tenn vy mes a'n roes a gudhsons dhymm : rag ty yw ow skovva.

5 Y'th leuv jy y kemmynnav vy ow spyrys : ty re'm dasprenas, A Arloedh, Dyw a wiryonedh.

6 My re gasas an re a wra vri a euveredh gwag : mes my a drest y'n Arloedh.

7 My a vydh heudhik ha lowenhe y'th tregeredh : rag ty re welas ow foenvos, hag aswonn ankenyow ow enev.

8 Ny'm gessys vy yn dorn an eskar : ty re worras ow threys yn tyller ledan.

9 Bydh grassyes orthiv, A Arloedh, rag yth ov vy yn ankres : ow lagas a fyll awos moredh; ha'm enev ha'm torr ynwedh.

10 Rag ow bywnans yw difygys gans keudh, ha'm blydhynyow gans kynvann : ow nerth a fyll awos ow drogober, ha'm eskern a wedher.

11 Skorn ov vy yn mysk ow eskerens oll, ha kyns oll yn mysk ow hentrevogyon, hag own dhe'n re aswonnys genev : an re a'm welas mes a ji a gildennas diworthiv.

12 Ankevys ov vy kepar ha den marow gyllys mes a gov : yth ov vy avel lester trogh.

13 Rag my re glywas kabel lies huni : own esa war bub tu, hag i owth omgusulya warbarth er ow fynn; i a dewlys towl dhe gemmeres ow bywnans.

14 Mes my a drestyas ynnos jy, A Arloedh : my a leveris, Ty yw ow Dyw.

15 Yma ow thermynyow y'th leuv jy : gwra ow delivra diworth leuv ow eskerens ha diworth ow helghysi.

16 Gwra dhe'th fas golowi war dha servyas : salw vy a-barth dha dregeredh.

17 Na as vy dhe berthi meth, A Arloedh, rag my re elwis warnas : perthes an debeles meth, ha bedhens i tawesek y'n bedh.

18 Bedhes avlavar an dhiwweus wowek : neb a lever erbynn an re wiryon yn howtyn, gans goeth ha despit.

19 Ass yw meur dha dhader, a dharbarydh rag an re a'th own : a wrussys rag an re a drest ynnos jy a-dherag mebyon den!

20 Yn goskes dha fas ty a's kudh rag towlow den : ty a's kudh yn skovva, pell diworth strif tavosow.

21 Bennigys re bo an Arloedh : rag ev re dhiskwedhas tregeredh marthys dhymm yn sita grev.

22 Rag my a leveris y'm toth, Treghys ov vy a-dherag dha dhewlagas : mes ty a glywas lev ow govynnadow pan griis vy warnas.

23 Kerewgh an Arloedh, oll y sens ev : rag an Arloedh a with an re len, mes ev a dal yn hel dhe'n re a omdheg yn hwoethus.

24 Bedhewgh krev ha bedhes agas kolonn konfortys : oll hwi a drest y'n Arloedh.

SALM 32. *Beati, quorum.*

1 Gwynnvys neb yw gevys y gammweyth : ha neb yw kudhys y beghes.
2 Gwynnvys an den na'n kuhudh an Arloedh awos drogober : ha nag eus falsuri yn y spyrys.
3 Pan dewis vy heb aswonn ow feghes, ow eskern a wedhras : ha my owth hanasa dres an jydh.
4 Rag dydhweyth ha nosweyth poes o dha leuv warnav : ow sugen o trelys kepar hag yn syghor hav.
5 My a aswonnis ow feghes dhiso jy : ha ny gudhis vy ow drogober.
6 My a leveris, My a yes ow hammweyth dhe'n Arloedh : ha ty a avas sherewneth ow feghes.
7 Rakhemma y hwra pubonan yw glan pysi warnas jy, yn prys may hyllir dha gavoes : mes yn liv an dowrow meur, ny dhons ogas dhodho.
8 Ty yw ow hovva, ty a'm gwith rag anken : ty a dheu a-dro dhymm gans kanow livreson.
9 My a'th kevarwoedh, ha dyski dhis an fordh mayth yw res dhis mos : ha gans ow lagas warnas my a'th kusul.
10 Na vedhewgh hwi kepar ha'n margh na'n mul, heb konvedhes : res yw dhedha bos synsys gans genva ha fronn, ma na dheffons ogas dhis.
11 Galarow pals a vydh dhe'n tebelwas : mes neb a drest y'n Arloedh, tregeredh a dheu a-dro dhodho.
12 Lowenhewgh y'n Arloedh, ha bedhewgh heudhik, hwi an re wiryon : germewgh yn lowen, oll hwi yw ewnhynsek agas kolonn.

SALM 33. *Exultate, justi.*

1 Lowenhewgh y'n Arloedh, hwi an re wiryon : gormeula yw gwiw dhe'n re ewnhynsek.

2 Gormeulewgh an Arloedh gans telynn : kenewgh gormeula dhodho gans sowtri a dheg kordenn.

3 Kenewgh dhodho kan nowydh : tennewgh an kerdyn yn konnyk, gans garmow ughel.

4 Rag ewn yw ger an Arloedh : hag oll y wriansow yw gwrys yn lenduri.

5 Ev a gar gwiryonedh ha gwirvreus : leun yw an norvys a dhader an Arloedh.

6 Der er an Arloedh an nevow a veu gwrys : hag oll aga lu gans anall y anow.

7 Ev a guntellas dowrow an mor warbarth yn graghell : ev a worr an downderyow yn chiow tresor.

8 Perthes own a'n Arloedh oll an nor : seves yn euth anodho oll trygoryon an norvys.

9 Rag ev a gewsis hag yndella y feu gwrys : ev a worhemmynnis ha puptra a sevis yn fast.

10 An Arloedh a dhiswra kusul an kenedhlow : ev a dhiswra towlow an poblow.

11 Kusul an Arloedh a sev bynytha : prederow y golonn a unn henedh dhe'n nessa.

12 Gwynnvys an genedhel hag yw an Arloedh hy Dyw : an bobel dewisys ganso dhe vos y ertaj y honan.

13 An Arloedh a vir yn-nans diworth nev, hag a wel oll mebyon den : diworth tyller y annedh ev a vir orth oll trygoryon an norvys.

14 Ev a form aga holonnow yn kettep penn : ev a aspi oll aga gwriansow.

15 Nyns eus myghtern a allo bos selwys gans lu meur : nyns yw breselyer krev delivrys gans galloes meur.

16 Euveredh yw trestya yn margh rag selwyans : ha nyns yw denvydh selwys gans y nerth bras.

17 Ott, yma lagas an Arloedh war an re a berth own anodho : war an re a drest yn y dregeredh;

18 May teliffro aga enev diworth mernans : ha'ga gwitha yn fyw yn termyn nown.

19 Agan enev a worta an Arloedh : ev yw agan gweres ha'gan skoes.

20 Rag agan kolonn a lowenha ynno : drefenn ni dhe drestya yn y Hanow sans.

21 Bedhes dha dregeredh, A Arloedh, warnan ni : kepar dell worryn agan trest ynnos jy.

SALM 34. *Benedicam Domino.*

1 My a vennik an Arloedh pup-prys : y wormeula a vydh prest y'm ganow.

2 Ow enev a wra y vost y'n Arloedh : an re hwar a glyw anodho, ha lowenhe.

3 Meurhewgh an Arloedh genev vy : hag ughelhyn ni y Hanow warbarth.

4 My a hwilas an Arloedh, hag ev a worthybis dhymm : ha'm delivra diworth puptra a ownav.

5 Mirewgh orto ha dewynnewgh gans joy : ena ny wra agas fasow perthi meth.

6 An den boghosek ma a elwis, ha'n Arloedh a glywas : ha'y selwel a'y ankenyow oll.

7 El an Arloedh a omsett a-dro an re a berth own anodho : hag ev a's delirv.

8 Gwrewgh tastya ha gweles an Arloedh dhe vos da : gwynnvys an den a drest ynno ev.

9 Perthewgh own a'n Arloedh, hwi y sens ev : rag ny fyll travydh dhe'n re a berth own anodho.

10 An lewyon yowynk yw yn esow hag i a berth nown : mes ny fyll travydh dha dhe'n re a hwila an Arloedh.

11 Dewgh, hwi fleghes, goslewewgh orthiv : my a dhysk dhywgh own an Arloedh.

12 Py den eus neb yw hwansek a vywnans : hag a vynn dydhyow pals rag may hwello da?

13 Gwith dha daves rag drog : ha'th tiwweus rag leverel falsuri.

14 Trel diworth drog, ha gwra da : hwila kres, ha'y helghya.

15 Yma dewlagas an Arloedh war an re wiryon : ha'y dhiwskovarn troha'ga kri.

16 Yma fas an Arloedh erbynn an re a wra drog : dhe gisya aga hovadh diworth an norvys.

17 An re wiryon a arm, ha'n Arloedh a glyw : ha'ga delivra diworth aga ankenyow oll.

18 Yma an Arloedh ogas dhe'n re trogh aga holonn : hag ev a selow an re keudhesik aga spyrys.

19 Meur yw ankenyow an den gwiryon : mes an Arloedh a'n delirv diworth pub oll anedha.

20 Ev a syns y eskern oll : nyns yw onan anedha brewys.

21 Drokter a ladh an tebelwas : ha'n re a gas an den gwiryon a vydh kessydhys.

22 An Arloedh a dhaspren enev y wesyon : ha ny vydh kessydhys denvydh a'n re a drest ynno ev.

SALM 35. *Judica, Domine.*

1 Striv, A Arloedh, gans an re a striv genev : omladh gans an re a omladh er ow fynn.

2 Dalghenn an gostenn ha'n skoes : ha sav rag ow gweres.

3 Tenn an gyw yn-mes, ha ke an fordh erbynn an re a'm helgh : lavar dhe'm enev, My yw dha selwyans.

4 Perthes meth, ha bedhes disenorys, neb a hwila ow enev : bedhes trelys war-dhelergh ha shyndys, neb a dhevis ow fystik.

5 Bedhens i avel kulyn a-dherag an gwyns : hag el an Arloedh orth aga herdhya.

6 Bedhes aga fordh tewl ha slynk : hag el an Arloedh orth aga helghya.

7 Rag heb ken i re gudhas aga roes dhymm yn pytt : heb ken i re balas pytt rag ow enev.

8 Bedhes ev sowdhenys gans terros, ha bedhes ev kemmerys y'n roes a gudhas ev : koedhes ev ynni dhe derros.

9 Ha'm enev a vydh heudhik y'n Arloedh : ev a lowenha y'm selwyans.

10 Ow eskern oll a lever, A Arloedh, piw yw avelos jy, ow telivra an den gwann diworth piwpynag yw re grev ragdho : an den gwann ha boghosek diworth neb a'n pyll.

11 Dustuniow fals a sevis : i a dhervynn diworthiv taklow nag aswonnav.

12 I a attylis dhymm drog rag da : ha hemm o kollva dhe'm enev.

13 Hag i klav, my a omwiskas yn yskar, ha grevya dhe'm enev gans penys : ha'm pysadow a besyas y'm askra.

14 My a omdhug kepar ha pan ve ow howeth po ow broder : my a blegyas y'n dor, moredhek kepar ha den ow kyni y vamm.

15 Ha pan drebuchis vy, i a omguntellas yn lowen : avel estrenyon na aswonnis vy i a omguntellas er ow fynn; i a'm skwardyas heb hedhi.

16 Avel tus ongrassyes i a wrug ges ahanav : i a dheskornas aga dens orthiv.

17 Arloedh, pestermyn y firydh : delirv ow enev diworth an re a vedhygel, ow bywnans diworth an lewyon.

18 My a ras dhis y'n kuntelles meur : my a'th wormel yn mysk routh veur.

19 Na as ow eskerens fals dhe lowenhe y'm kever : na as an re a'm kas heb ken dhe blynchya lagas.

20 Rag ny gewsons a gres : mes i a dhevis geryow fals erbynn an re yw kosel y'n tir.

21 I a igoras aga ganow a-les er ow fynn : hag i a leveris, Aha, aha, agan lagas re'n gwelas.

22 Ty re'n gwelas, A Arloedh : ytho na vydh tawesek, A Arloedh, na vydh pell diworthiv.

23 Sav, ha difun rag ow gwirvreus : rag pledya ow hen, ow Dyw ha'm Arloedh.

24 Breus vy, A Arloedh ow Dyw, y'th wiryonedh : ha na as i dhe lowenhe y'm kever.

25 Na as i dhe leverel y'ga holonn, Gwynn agan bys : na as i dhe leverel, Ni re'n kollenkas.

26 Perthens i meth ha bedhens i shyndys warbarth neb a lowenha y'm happ drog : bedhens i gwiskys yn meth ha disenor neb a voghha aga honan er ow fynn.

27 Garmes yn lowen ha bedhes heudhik an re a lowenha y'm gwiryonses : ha prest leverens i, Meur yw an Arloedh, neb yw hwansek a les y servyas.

28 Ha'm taves a gews a'th wiryonedh : hag a'th wormeula dres an jydh.

SALM 36. *Dixit injustus.*

1 An tebelwas a gews mes a'n sherewneth yn y golonn : nyns eus own Dyw a-dherag y dhewlagas.

2 Rag ev a vost a-dherag y dhewlagas y honan : na vydh y sherewneth kasadow diskudhys.

3 Geryow y anow yw sherewneth ha toell : ev re astelas bos fur ha gul da.

4 Ev a dewl dregynn war y weli, hag ev a worr y honan yn fordh nag yw da : ny hepkorr sherewneth.

5 Yma dha dregeredh, A Arloedh, y'n nevow : ha'th lenduri a dhrehedh bys dhe'n ebrenn.

6 Dha wiryonedh yw kepar ha menydhyow Dyw : dha vreusow yw kepar ha'n downder meur.

7 Ty, A Arloedh, a selow den hag enyval; ass yw drudh dha dregeredh, A Dhyw : ha mebyon den a hwila skovva yn-dann skeus dha eskelli.

8 I a vydh lenwys yn feur a helder dha ji : ha ty a wra dhedha eva diworth avon dha blesours.

9 Rag genes jy yma fenten bywnans : y'th wolow jy y hwelyn ni golow.

10 Ystynn dha dregeredh dhe'n re a'th aswonn : ha'th wiryonedh dhe'n re ewnhynsek aga holonn.

11 Na dhes troes an den goethus er ow fynn : na'm herdhyes vy dhe-ves leuv an debeles.

12 Ena re goedhas an dhrogoberoryon : tewlys yns i yn-nans, ha ny yllons sevel.

Gwesper 7

SALM 37. *Noli aemulari.*

1 Na sorr yn kever an dhrogoberoryon : ha na borth avi orth an re a wra sherewneth.

2 Rag avel gwels i a wedher yn skon : ha krina avel losow gwyrdh.

3 Trest y'n Arloedh ha gwra da : tryg y'n tir, ha bedhes lenduri dha beurva.

4 Kemmer delit y'n Arloedh : hag ev a re dhis govynnadow dha golonn.

5 Kemmynn dha fordh dhe'n Arloedh : trest ynno ev, hag ev a'n gwra.

6 Ev a wra dhe'th wiryonedh splanna avel golow : ha'th wirvreus avel hanter-dydh.

7 Bydh kosel a-dherag an Arloedh, ha gwra y wortos gans perthyans : na sorr yn kever an den a sewen yn y fordh, yn kever an den a ober towlow drog.

8 Trel diworth sorr, ha gas koler : na vrogh, ma na wrylli drogober.

9 Rag drogoberoryon a vydh terrys dhe-ves : mes an re a drest y'n Arloedh, i a erit an norvys.

10 Hwath pols byghan ha ny vydh an tebelwas namoy : ty a hwither y dyller yn tiwysek, ha ny vydh ev ena.

11 Mes an re hwar a erit an norvys : hag i a gemmer plesour yn kres leun.

12 An tebelwas a dewl towl erbynn an den gwiryon : ha deskerni y dhens orto.

13 An Arloedh a hwerth orto : rag ev a wel y dhydh ow tos.

42

14 An debeles re dennas an kledha ha plegya aga gwarak : dhe dhisevel an truan ha'n boghosek.

15 Aga kledha a dheu y'ga holonn i : ha'ga gwaregow a vydh terrys.

16 Gwell yw an boghes usi gans an den gwiryon : ages an rychys a debelwesyon pals.

17 Rag breghow an debeles a vydh terrys : mes an Arloedh a venten an re wiryon.

18 An Arloedh a aswonn dydhyow an re dhivlam : ha'ga ertaj a dhur bys vykken.

19 Ny berthons meth yn termyn drog : hag yn dydhyow esow i a vydh lenwys.

20 Mes an debeles a dhe goll; hag eskerens an Arloedh a vydh avel splannder an peurvaow : i a dremen, yn mog y tremenons i.

21 An tebelwas a gyv kendon ha ny attal : mes an den gwiryon yw grassyes ha hel.

22 Rag an re yw bennigys ganso a erit an norvys : ha'n re yw mollethys ganso a vydh terrys dhe-ves.

23 Kammow den yw fastyes gans an Arloedh : hag ev a gemmer plesour yn y fordh.

24 Kyn koettho, ny vydh ev tewlys sket dhe-ves : rag an Arloedh a'n menten gans y leuv.

25 Yowynk veuv, lemmyn koth ov vy : mes bythkweyth ny welis an den gwiryon gesys, na'y has ow pegya bara.

26 Dres an jydh ev yw grassyes hag a re kendon : hag yma bennath war y has.

27 Trel diworth drog ha gwra da : ha tryg y'n tir bys vykken.

28 Rag an Arloedh a gar gwirvreus, ha ny as y sens : gwithys yns i bynytha, mes has an debeles a vydh terrys dhe-ves.

29 An re wiryon a erit an norvys : ha tryga ynno bys vykken.

30 Ganow an den gwiryon a lever furneth : ha'y daves a gews a wirvreus.

31 Yma lagha y Dhyw yn y golonn : ny drebuch y gammow.

32 An tebelwas a aspi orth an den gwiryon : hag ev a assay y ladha.

33 Ny wra an Arloedh y asa yn y leuv : ha ny re ev drogvreus er y bynn pan yw breusys.

34 Trest y'n Arloedh, ha syns y fordh ev, hag ev a'th ughelha dhe erita an tir : pan vo an debeles terrys dhe-ves, ty a'n wel.

35 My re welas an tebelwas didruedh : hag ev ow klasa avel baywydhenn wyrdh.

36 Mes my a dremenas hag ott, nyns esa ol anodho : my a'n hwilas, ha nyns o kevys.

37 Merk an den divlam, ha mir orth an den ewnhynsek : rag yma henedh dhe'n den a gres.

38 Mes an dhrogoberoryon a vydh distruys warbarth : henedh an debeles a vydh terrys dhe-ves.

39 Mes yma selwyans dhe'n re wiryon diworth an Arloedh : aga skovva yn termyn anken.

40 Ha'n Arloedh a weres dhedha, ha'ga difres : ev a's difres a'n debeles, ha'ga selwel, rag i re drestyas ynno.

Myttin 8

SALM 38. *Domine, ne in furore.*

1 A Arloedh, na rebuk vy y'th sorr : ha na geredh vy y'th konnar.

2 Rag dha sethow re'm dewanas : ha'th leuv re dheuth yn-nans warnav.

3 Nyns eus yeghes y'm kig drefenn dha sorr : ha nyns eus kres y'm eskern drefenn ow feghes.

4 Rag ow drogoberow res eth dres ow fenn : yth yns i avel begh re boes ragov.

5 Ow goliow yw flerys ha podrethek : drefenn ow folneth.

6 Kromm ov vy ha plegys y'n dor dres eghenn : dres an jydh yth esov vy ow kyni.

7 Rag ow diwglun yw leun a gleves kasadow : ha nyns eus yeghes y'm kig.

8 Difreth ov vy ha brewys dres eghenn : my re hanasas drefenn ankres ow holonn.

9 A Arloedh, yma oll ow mynnas a-dheragos : ha nyns yw ow hynvann kudhys ragos.

10 Ow holonn a lemm, ow nerth re'm gasas : ha golow ow dewlagas ynwedh a fyll dhymm.

11 Ow haroryon ha'm kowetha a gildenn diworth ow fla : ha'm neshevyn a sev a-bell.

12 Ha'n re a hwila ow enev a worr maglennow : ha'n re a vynn ow fystiga a gews a sherewneth, ow prederi falsuri dres an jydh.

13 Mes my yw avel bodhar na glyw : hag avel avlavar na iger y anow.

14 Hag yth ov vy avel den na glyw : ha nag eus gorthyp yn y anow.

45

15 Rag ynnos jy, A Arloedh, y trestyav : ty a worthyp dhymm, A Arloedh ow Dyw.

16 Rag my a leveris, Na lowenhens i er ow fynn : na vostyens warnav pan drebuch ow throes.

17 Rag parys ov vy dhe gloppya : hag yma ow galar prest a-dheragov.

18 Rag my a dheriv ow sherewneth : edrek a'm bydh a'm pegh.

19 Mes byw ha nerthek yw ow eskerens : ha meur yw niver an re a'm kas yn fals.

20 Ha'n re a attal drog rag da yw ow eskerens : rag my a hol dader.

21 Na as vy, A Arloedh : A Dhyw, na vydh pell diworthiv.

22 Deus uskis dhe'm gweres : A Arloedh ow selwyans.

SALM 39. *Dixi, custodiam.*

1 Yn-medhav, My a with ow fordhow : rag ma na begghiv gans ow thaves.

2 My a with ow ganow gans fronn : hedra vo an tebelwas y'm gwel.

3 Avlavar en vy, ow tewel : kosel en vy, heb hebaska.

4 Ow galar a wethhas, toemm o ow holonn ynnov vy : ha my ow prederi, an tan a dhewas, ha my a gewsis gans ow thaves;

5 Arloedh, gwra dhymm godhvos ow diwedh, ha pyth yw musur ow dydhyow : may hwodhviv hirder ow bywnans.

6 Ott, ty re wrug ow dydhyow avel nebes dornvedhi : ha'm oes yw avel travydh a-dheragos; yn hwir, pub den a sev avel anall.

7 Rag den a gerdh avel skeus; yn hwir ev yw troblys yn euver : ev a wra bern a rychys ha ny woer piw a'n kuntell.

8 Ha lemmyn, A Arloedh, pyth yw ow govenek : ynnos jy yma ow fydhyans.

9 Gwra ow delivra diworth ow hammwriansow oll : na wra dhymm bos skorn an den fol.

10 Avlavar en vy, ny igeris vy ow ganow : rag ty yw neb a wrug hemma.

11 Kemmer dha strok diworthiv : dre voemmenn dha leuv yth av vy dhe goll.

12 Pan geskydh den gans keredh rag sherewneth, ty a wra dh'y dekter teudhi dhe-ves kepar dell wra an goedhan : yn hwir, anall yw pub den.

13 Klyw ow fysadow, A Arloedh, ha ro skovarn dhe'm kri : na vydh tawesek orth ow dagrow.

14 Rag gwester ov vy genes : gwandryas, avel ow thasow oll.

15 Trel dha wolok diworthiv, may fiv kennerthys : kyns my dhe dhiberth, heb bos namoy.

SALM 40. *Expectans expectavi.*

1 My a wortas an Arloedh gans perthyans : hag ev a blegyas dhymm ha klywes ow kri.

2 Hag ev a'm drehevis mes a'n pytt divlas, mes a'n pri leysyek : ha gorra ow threys war garrek, ha fastya ow hammow.

3 Hag ev re worras kan nowydh y'm ganow, kan a wormeula dh'agan Dyw : lies huni a'n wel, ha perthi own, ha trestya y'n Arloedh.

4 Gwynnvys an den re worras y fydhyans y'n Arloedh : ha na wra vri a'n re woethus na'n re a drel dhe falsuri.

5 Meur yw niver dha varthusyon a wrussys, A Arloedh ow Dyw, ha'th towlow y'gan kever : nyns eus par dhiso jy.

6 Mara's menekken vy, ha kewsel anedha : y fiens i moy es dell yllir aga nivera.

7 Sakrifis hag offrynn ny vynnydh : mes ty re igoras ow diwskovarn.

8 Offrynn leskys hag offrynn peghes ny dhervynnsys : ena y leveris vy, Ott, devedhys ov vy.

9 Yn rol an lyver yw skrifys ahanav, my dhe vynnes gul dha volonjedh, A Dhyw : yma dha lagha yn kres ow holonn.

10 My re dherivis gwiryonedh y'n kuntelles meur : ott, ny fronnis vy ow diwweus, dell wodhes, A Arloedh.

11 Ny gelis vy dha dregeredh y'm kolonn : my re gewsis a'th wirder ha'th selwyans.

12 Ny gudhis vy dha dregeredh ha'th wirder : rag an kuntelles meur.

13 Na skon dhymm dha druedh, A Arloedh : prest re'm gwittho vy dha dregeredh ha'th wirder.

14 Rag ankenyow diniver re dheuth a-dro dhymm; ow feghosow re'm dalghennas ma na allav mires yn-bann : moy aga niver yns i ages blewynnow ow fenn, ha'm kolonn a fyll dhymm.

15 Dre dha vodh, A Arloedh, salw vy : A Arloedh, deus uskis dhe'm gweres.

16 Perthens i meth ha bedhens shyndys warbarth, an re a hwila ow enev dh'y dhistrui : bedhens i trelys wardhelergh ha disenorys an re a omlowenha y'm pystik.

17 Bedhens i yn ahwer drefenn aga meth : neb a lever dhymm, Aha, aha.

48

18 Lowenhes kemmys a'th hwila ha bedhens heudhik ynnos jy : ha seul a gar dha selwyans prest leveres, Re bo Dyw meurhes.

19 Boghosek hag edhommek ov vy : mes an Arloedh a breder ahanav.

20 Ty yw ow gwereser ha'm delivrer : A Arloedh, na wra delatya.

Gwesper 8

SALM 41. *Beatus qui intelligit.*

1 Gwynnvys neb a wra vri a'n den gwann : an Arloedh a'n delirv yn jydh anken.

2 An Arloedh a'n gwith hag a'n bywha; gwynnvys vydh ev war an nor : ha ny'n delivrydh ev dhe vodh y eskerens.

3 An Arloedh a'n menten war y weli pan yw klav : ty a dharbar y weli kowal yn y gleves.

4 My a leveris, Bydh grassyes orthiv, A Arloedh : yaghha ow enev, rag my re beghas er dha bynn.

5 Ow eskerens a lever drog er ow fynn : P'eur ferow ev, ha'y hanow a dhe goll?

6 Ha pan dheu ev dhe'm gweles, ev a lever euveredh : y golonn a guntell sherewneth dhedhi hi hy honan.

7 Oll an re a'm kas a hwyster warbarth er ow fynn : i a dewl pystik er ow fynn.

8 Kleves fell, yn-medhons i, a len orto : hag ev a'y wrowedh, ny sev arta.

9 Ynwedh ow howeth ker ow honan may trestis vy ynno : neb a dhybris ow bara, re dhrehevis y wewenn er ow fynn.

10 Mes ty, A Arloedh, bydh grassyes orthiv : ha drehav vy rag mayth attylliv dhedha.

11 Gans hemma y hwonn vy, ty dhe'm kara : drefenn na arm ow eskar yn trygh warnav.

12 Ha my, ty a'm menten heb namm : ha'm gorra a-dheragos bynytha.

13 Bennigys re bo an Arloedh, Dyw Ysrael : bys vykken ha bynari. Amen, hag Amen.

SALM 42. *Quemadmodum.*

1 Kepar dell yeun an karow war-lergh goverow dowr : yn kettella y yeun ow enev war dha lergh, A Dhyw.

2 Yma dhe'm enev syghes war-lergh Dyw, an Dyw byw : p'eur tov vy hag omdhiskwedhes a-dherag Dyw?

3 Ow dagrow re beu ow bara dydh ha nos : hag i ow leverel dhymm dres an jydh, Ple'ma dha Dhyw?

4 My a berth kov a hemma, ow skoellya ow enev vy : fatell gerdhyn vy gans an routh orth aga hembronk dhe ji Dyw;

5 Gans lev a lowena ha gormeula : yn mysk routh ow synsi dy'goel.

6 Prag yth osta jy mar dhigolonn, ow enev : ha prag yth hanesydh a-berth ynnov?

7 Trest yn Dyw : rag my a'n gormel prest rag selwyans y fas.

8 Ow Dyw, digolonn yw ow enev ynnov vy : rakhemma my a berth kov ahanas a dir Yordan hag a'n Hermonyow, a venydh Misar.

9 Downder a elow dhe dhownder orth tros dha dhowrlammow : oll dha vordardh ha'th tonnow res eth dresov.

10 Mes an Arloedh a worhemmynn y dregeredh dre dhydh : ha dre nos y gan a vydh genev vy, pysadow dhe Dhyw ow bywnans.

11 My a lever dhe Dhyw ow harrek, Prag re'm ankevsys : prag yth av vy ow kyni, ha'n eskar orth ow gwaska?

12 Ha'm eskern ow pos brewys, ow eskerens a'm skorn : ow leverel dhymm dres an jydh, Ple'ma dha Dhyw?

13 Prag yth osta jy mar dhigolonn, ow enev : ha prag yth hanesydh a-berth ynnov?

14 Trest yn Dyw : rag my a'n gormel prest, selwyans ow fas, ha'm Dyw.

SALM 43. *Judica me, Deus.*

1 Breus vy, A Dhyw, ha pled ow hen erbynn kenedhel ansans : gwra ow delivra diworth an falswas ha'n sherewa.

2 Rag ty yw Dyw ow nerth, prag re'm tewlsys dhe-ves : prag yth av vy ow kyni ha'n eskar orth ow gwaska?

3 Dannvon dha wolow ha'th wirder rag ma'm hembronkkons : ha'm doen vy dhe'th venydh sans ha dhe'th annedhow.

4 Ena yth av vy dhe alter Dyw, dhe Dhyw ow lowender ha'm heudhter : ha war an delynn y'th wormeulav, A Dhyw, ow Dyw.

5 Prag yth osta jy mar dhigolonn, ow enev : ha prag yth hanesydh a-berth ynnov?

6 Trest yn Dyw : rag my a'n gormel prest, selwyans ow fas, ha'm Dyw.

SALM 44. *Deus, auribus.*

1 A Dhyw, ni re glywas gans agan diwskovarn, agan tasow re venegas dhyn ni : an gweythres a wrussys y'ga dydhyow i, y'n termyn koth.

2 Gans dha leuv ty a bellhas an kenedhlow, ha'ga flansa y'ga le : ty re dhistruis an poblow, ha'ga heskar.

3 Rag ny berghennsons an tir der aga kledha aga honan : ha nyns o aga bregh aga honan a ros budhogoleth dhedha;

4 Mes dha leuv dheghow jy ha'th vregh, ha golow dha fas : rag ty a's kara.

5 Ty yw ow Myghtern, A Dhyw : gorhemmynn budhogoleth dhe Yakob.

6 Dredhos y herdhyn ni agan eskerens yn-nans : dre dha Hanow ni a stank an re a sev er agan pynn.

7 Rag ny drestyav y'm gwarak : nyns yw ow kledha a re dhymm an budhogoleth.

8 Mes ty re'gan delivras diworth agan eskerens : ha gul bysmer dhe'n re a'gan kas.

9 Yn Dyw re wrussyn ni bostya dres an jydh : ni a wormel dha Hanow bys vykken.

10 Byttegyns ty re'gan skonyas, ha'gan disenora : ha nyns edh jy yn-rag gans agan luyow.

11 Ty a wra dhyn mos war-dhelergh diworth an eskar : ha'n re a'gan kas a raven dh'aga honan.

12 Ty re'gan ros avel deves dhe vos dybrys : ha re'gan dibarthas yn mysk an kenedhlow.

13 Ty a werthas dha bobel a dravydh : ha diworth aga fris ny gemmersys prow.

14 Ty a wra dhyn bos despitys gans agan kentrevogyon : skorn ha hwarth dhe'n re usi y'gan kyrghynn.

15 Ty a'gan gwra ensampel yn mysk an kenedhlow : ha gul dhe'n poblow shakya an penn orthyn.

16 Dres an jydh yma ow disenor a-dheragov : ha meth ow fas re'm kudhas,

17 Awos lev an den a skorn ha kabla : drefenn an eskar ha'n dialor.

18 Oll hemma re dheuth warnan, mes ny'th ankevsyn : ha ny wrussyn ni falsuri erbynn dha gevambos.

19 Ny drelyas agan kolonn war-dhelergh : ha ny blegyas agan kammow yn-mes a'th hyns,

20 Kyn y'gan brewsys yn tyller dragons : ha'gan kudha gans skeus ankow.

21 Mars ankevyn ni Hanow agan Dyw, hag ystynna agan diwleuv dhe dhyw estren : a ny hwither Dyw hemma? rag ev a woer kevrinyow an golonn.

22 Devri, a'th wovis jy yth on ni ledhys dres oll an jydh : reknys on ni avel deves dhe'n ladhva.

23 Difun, prag y koskydh, A Arloedh : sav, na skon ni bynytha.

24 Prag y kudhydh jy dha fas : hag ankevi agan anken ha'gan poenvotter?

25 Rag agan enev yw plegys dhe'n doust : agan torr a len orth an dor.

26 Sav, ha gweres dhyn ni : ha daspren ni a-barth dha dregeredh.

SALM 45. *Eructavit cor meum.*

1 Yma awen y'm kolonn ow tyghtya kan fin; my a gan ow ober gwrys rag an Myghtern : ow thaves yw pluvenn dhe skrifennyas freth.

2 Tekka osta jy ages mebyon den : leun a ras yw dha dhiwweus, rakhenna Dyw re'th vennigas bynytha.

3 Kolm dha gledha war dha vordhos, ty vreselyer : gans dha splannder ha'th veuredh.

4 Hag y'th veuredh marghok yn sewena : drefenn gwirder hag uvelder ha gwiryonedh; ha'th leuv dheghow a dhysk dhis taklow euthek.

5 Lymm yw dha sethow, an poblow a goedh yn-dannos : i a wysk yn kolonn eskerens an Myghtern.

6 Dha se, A Arloedh, a dhur bys vykken ha bynari : gwelenn dha vyghternedh yw gwelenn a ewnder.

7 Ty a garas gwiryonedh ha kasa sherewneth : rakhenna Dyw, dha Dhyw jy, re'th untyas gans oyl lowender a-ugh dha gowetha.

8 Yma sawer myrr, aloes ha kassia war dha wiskow oll : yn-mes a lysyow a dhans olifans, telynnow a'th lowenha.

9 Yma myrghes myghternedh yn mysk dha vaghtethyon bryntin : orth dha leuv dheghow y sev an vyghternes gwiskys yn owr a Ofir.

10 Klyw, A vyrgh, ha gwel, ha pleg dha skovarn : hag ankov dha bobel ha chi dha das.

11 Ha'n Myghtern yw hwansek a'th tekter : rag ev yw dha Arloedh jy, ytho gwra y wordhya.

12 Myrgh Tyr a vydh ena gans ro : ha'n wolusogyon yn mysk an bobel a bys dha dhader.

13 Myrgh an Myghtern yw leun a splannder a-berth y'n lys : hy gwisk yw oberys gans owr.

14 Hi a vydh dres dhe'n Myghtern yn gweyth brosyes : an maghtethyon hy howethesow neb a's hol, a's hembronk dhiso jy.

15 Gans heudhter ha lowender i a vydh hembrenkys : yth ons i yn lys an Myghtern.

16 Dha vebyon a vydh yn le dha dasow : ty a's gwra pennsevigyon war oll an nor.

17 My a wra dhe govadh dha Hanow durya a unn henedh dhe'n nessa : rakhenna an poblow a'th wormel bys vykken ha bynari.

SALM 46. *Deus noster refugium.*

1 Dyw yw agan skovva ha'gan nerth : gweres yn anken na fyll nevra.

2 Rakhenna ny berthyn own, kyn fo an nor chanjyes : ha kyn krenno an menydhyow yn kres an mor;

3 Kyn tarenno y dhowrow hag ewyni : ha kyn krenno an menydhyow gans y hwythfians.

4 Yma avon, ha'y goverow a lowenha sita Dyw : an tyller sans, trygva an Gorughella.

5 Yma Dyw yn hy mysk hi, ytho ny wra hi krena : Dyw a weres dhedhi diworth an jydh.

6 An kenedhlow a dervas, an gwlaskordhow a grenas : ev a ros y lev, an nor a deudhas.

7 Yma Arloedh an luyow genen ni : Dyw Yakob yw agan skovva.

8 Dewgh, mirewgh orth obereth an Arloedh : pana derros re wrug ev war an nor.

9 Ev a wra dhe vreselyow hedhi bys yn pennow an nor :
ev a derr an warak, ha treghi an gyw, ha leski an charetys
y'n tan.

10 Bedhewgh kosel, ha godhvydhewgh my dhe vos Dyw :
my a vydh ughelhes yn mysk an kenedhlow, my a vydh
ughelhes y'n nor.

11 Yma Arloedh an luyow genen ni : Dyw Yakob yw agan
skovva.

Gwesper 9

SALM 47. *Omnes gentes, plaudite.*

1 Tekyewgh diwleuv, hwi boblow oll : kenewgh dhe
Dhyw gans lev lowender.

2 Rag an Arloedh, an Gorughella, yw euthek : Myghtern
bras yw ev war oll an nor.

3 Ev a feth an poblow yn-dannon : ha'n kenedhlow yn-
dann agan treys.

4 Ev a dhewis agan ertaj ragon : splannder Yakob y
garadow.

5 Dyw re yskynnas gans garm lowender : an Arloedh gans
lev an trompa.

6 Kenewgh gormeula dhe Dhyw, kenewgh gormeula :
kenewgh gormeula dh'agan Myghtern, kenewgh
gormeula.

7 Rag Dyw yw Myghtern oll an nor : kenewgh gormeula
gans skians.

8 Reynya a wra Dyw war an kenedhlow : Dyw a esedh
war se y sansoleth.

9 Pennsevigyon an poblow yw omguntellys warbarth, gans pobel Dyw Abram : rag Dyw a'n jeves skoesow an nor, ughelhes yn feur yw ev.

SALM 48. *Magnus Dominus.*

1 Meur yw an Arloedh, ha gwiw dhe vos gormeulys yn feur : yn sita agan Dyw, yn y venydh sans.

2 Teg hy drehevyans, lowender oll an nor : yw menydh Sion, war emlow an kledh, sita an Myghtern meur.

3 Aswonnys yw Dyw yn hy lysyow : avel dinas krev.

4 Rag ott, an vyghternedh a omguntellas : i a dremenas warbarth.

5 I a welas, ytho marth a's teva : amayys ens i, hag i a fyskas dhe-ves.

6 Skruth a's dalghennas ena : ha payn, avel benyn yn lavur.

7 Gans gwyns an howldrevel : ty a vrew gorholyon Tarshish.

8 Dell glywsyn ni, yn kettella y hwelsyn ni yn sita Arloedh an luyow, yn sita agan Dyw : Dyw a's fastha bynytha.

9 Ni re brederis a'th tregeredh, A Dhyw : yn mysk dha dempel.

10 Kepar dell yw dha Hanow, A Dhyw, yndella yw dha wormeula, bys yn pennow an nor : dha leuv dheghow yw leun a wiryonedh.

11 Lowenhes menydh Sion, bedhes myrghes Yuda heudhik : drefenn dha vreusow jy.

12 Kerdhewgh a-dro dhe Sion, kewgh a-dro dhedhi : derivewgh niver hy thouryow.

13 Merkyewgh yn ta hy fosow, prederewgh a'y lysyow : ma'n deriffowgh dhe'n henedh a dheu.

14 Rag an Dyw ma yw agan Dyw ni bys vykken ha bynari : ev a'gan hembronk bynytha.

SALM 49. *Audite haec, omnes.*

1 Klywewgh hemma, oll an poblow : rewgh skovarn, oll an re yw trygys y'n norvys.

2 Tus isel hag ughel : an den golusek ha'n den boghosek warbarth.

3 Ow ganow a gews a furneth : ha prederow ow holonn a vydh a-dro dhe skians.

4 My a bleg ow skovarn dhe barabolenn : my a styr ow dyth tewl war an delynn.

5 Prag y porthav own yn dydhyow drog : pan omsett sherewneth ow eskerens a-dro dhymm?

6 I a drest y'ga fythow : hag a vost yn braster aga rychys.

7 Mes devri ny yll nagonan anedha prena y vroder : na ri daspren dhe Dhyw ragdho;

8 Re ger via daspren aga enev : res yw gasa henna bynytha;

9 Rag may fywo bynytha : ha ma na wello an pytt.

10 Rag ev a wel tus skiansek dhe verwel, ha'n den anfur ha'n talsogh keffrys a dhe goll : ha gasa aga fythow dhe dus erell.

11 Aga bedh yw aga chi bynytha : ha'ga annedhow a unn henedh dhe'n nessa; i a elow aga thiryow herwydh aga henwyn aga honan.

12 Mes ny bes den yn enor : haval yw orth an bestes a verow.

13 Hemm yw fordh an re dalsogh : ha plegadow dh'aga henedh yw aga lavarow.

14 Avel deves ymons i gorrys yn ifarn, ankow a's bugel, ha'n re ewnhynsek a wra maystri warnedha y'n myttin : aga furv a dhifyk; ifarn a vydh aga thre.

15 Mes Dyw a dhaspren ow enev diworth dalghenn ifarn : rag ev a'm degemmer.

16 Na borth own mar kwrer dhe dhen bos kevoethek : pan vo splannder y ji moghhes.

17 Rag ny gemmer ganso travydh pan varwo : nyns a y splannder yn-nans war y lergh.

18 Rag ev a vennigas y enev hag ev yn fyw : ha tus a'th wormel pan sewenydh.

19 Ev a dhe henedh y dasow : ny welons golow bynytha.

20 Mes den, hag ev yn enor, ny gonvedh : haval yw orth an bestes a verow.

Myttin 10

SALM 50. *Deus deorum.*

1 Dyw an dhywow, an Arloedh, re gewsis : ha gelwel an nor diworth drehevel an howl bys dh'y sedhes.

2 Yn-mes a Sion, perfeyth hy thekter : Dyw re splannas.

3 Agan Dyw a dheu, heb tewel : tan a dheber a-dheragdho, ha hager awel veur a vydh a-dro dhodho.

4 Ev a elow war an nevow a-vann : ha war an nor, may freusso y bobel.

5 Kuntellewgh ow sens warbarth dhymmo vy : an re a wrug kevambos genev dre sakrifis.

6 Ha'n nevow a dheriv y wiryonedh : rag Dyw y honan yw Breusyas.

7 Klyw, ow fobel, ha my a gews : ha my a dhustun er dha bynn, A Ysrael; my yw Dyw, dha Dhyw jy.

8 Ny'th keredhav awos dha offrynnow : ha prest a-dheragov yma dha offrynnow leskys.

9 Ny gemmerav lo'n yn-mes a'th chi : na boghas yn-mes a'th korlannow.

10 Rag dhymmo vy yma pub best a'n koes : an lodhnow war vil venydh.

11 My a aswonn oll ydhyn an menydhyow : ha dhymmo vy yma bestes an gwelyow.

12 Mar portthen vy nown, ny lavarsen dhis : rag dhymmo vy yma oll an nor ha puptra usi ynno.

13 A dhebrav vy kig terewi : po eva goes gever?

14 Offrynn dhe Dhyw gras : ha kollanow dha ambosow dhe'n Gorughella.

15 Ha galw warnav yn jydh anken : my a'th telirv, ha ty a wra ow gordhya.

16 Mes dhe'n tebelwas Dyw a lever : Pandr'a vern, ty dhe dherivas ow ordenansow, po ty dhe gemmeres ow hevambos yn dha anow?

17 Rag ty a gas dyskans : ha tewel ow lavarow war dha lergh.

18 Pan welsys lader, ty a assentyas ganso : ha'th rann a veu gans an avoutrers.

19 Ty a ros dha anow dhe sherewneth : ha'th taves a dhevis toell.

20 Ty a esedh ha kewsel erbynn dha vroder : ty a guhudh mab dha vamm.

21 An taklow ma re wrussys, ha tewel a wrugavy; ty a brederis my dhe vos avelos jy : mes my a'th keredh, ha'ga gorra a-dherag dha dhewlagas.

22 Prederewgh a hemma, hwi neb a ankev Dyw : ma na'gas skwyrttiv, ha na vo nagonan dhe dhelivra.

23 Neb a offrynn an sakrifis a ras a wra ow gordhya : ha dhe neb a wra y fordh yn ewn my a dhiskwa selwyans Dyw.

SALM 51. *Miserere mei, Deus.*

1 Bydh grassyes orthiv, A Dhyw, herwydh dha dregeredh : herwydh dha druedh meur defend dhe-ves ow feghadow.

2 Golgh vy yn tien a'm sherewneth : ha glanha vy diworth ow fegh.

3 Rag my a aswonn ow hammwriansow : ha prest a-dheragov yma ow fegh.

4 Er dha bynn jy, ty dha honan, y peghis vy ha gul an drogober ma y'th wolok : rag may fes ewnhes y'th lavar, ha divlam y'th vreus.

5 Ott, yn sherewneth y feuv vy dineythys : hag yn pegh y'm omdhuk ow mamm.

6 Ott, hwansek osta a wirder y'n golonn : hag yn-dann gel ty a dhysk dhymm furneth.

7 Glanha vy gans hyssop ha dibegh vydhav : golgh vy, ha my a vydh gwynna es ergh.

8 Gwra dhymm klywes lowena ha heudhter : may lowenhaho an eskern a vrewsys.

9 Kudh dha fas rag ow feghadow : ha defend dhe-ves oll ow drogobereth.

10 Gwra kolonn lan ragov, A Dhyw : ha daswra ynnov vy spyrys len.

11 Na dowl vy dhe-ves a'th fas : ha na gemmer a-dhiworthiv dha Spyrys sans.

12 Daskorr dhymm lowena dha selwyans : ha menten vy gans dha Spyrys hel.

13 Ena y tyskav dha fordhow dhe'n dhrogoberoryon : ha peghadoryon a dhehwel dhiso jy.

14 Gwra ow delivra diworth skoellya goes, A Dhyw, ty Dhyw ow selwyans : ha'm taves a gan yn lowen a'th wiryonedh.

15 A Arloedh, igor ow diwweus : ha'm ganow a dhiskwa dha wormeula.

16 Nyns osta hwansek a sakrifis, poken my a'n rosa dhis : ny gemmerydh plesour yn offrynnow leskys.

17 Sakrifisys Dyw yw spyrys terrys : kolonn derrys ha keudhesik, A Dhyw, ny dhispresydh.

18 Gwra da, y'th plegadow, orth Sion : drehav fosow Yerusalem.

19 Ena ty a vydh hwansek a sakrifisys gwiryonedh, offrynnow leskys ha kowlleskys : ena yth offrynnons lodhnow war dha alter.

SALM 52. *Quid gloriaris?*

1 Prag y fostydh yn drogober, ty vreselyas : tregeredh Dyw a dhur dres an jydh.

2 Ty a dhevis sherewneth : dha daves yw avel altenn lymm, ow kul falsuri.

3 Ty a gar drog moy ages da : ha gowleverel moy ages gwirleverel.

4 Ty a gar oll geryow fell : ty daves fals.

5 Dyw ynwedh a'th tistru bynytha : ev a'th kemmer dheves, ha'th tenna yn-mes a'th skovva, ha kemmeres dha wreydhenn mes a dir an re vyw.

6 An re wiryon a wel, ha perthi own : ha skornya ganso;

7 Ottomma an gour na wrug Dyw y skovva : mes ev a drestyas yn y rychys meur, hag omnertha yn y sherewneth.

8 Mes my yw avel olewbrenn gwyrdh yn chi Dyw : my a drest yn tregeredh Dyw bys vykken ha bynari.

9 My a'th wormel bynytha, rag ty dhe wul hemma : ha fydhya a wrav vy y'th Hanow, rag da yw, a-wel dhe'th sens.

Gwesper 10

SALM 53. *Dixit insipiens.*

1 An den anfur re leveris yn y golonn : Nyns eus Dyw.

2 Podrethek yns i, hag i re wrug sherewneth kasadow : nyns eus denvydh a wrello dader.

3 Dyw a viras yn-nans diworth nev war vebyon den : dhe weles mars esa denvydh fur, ow hwilas Dyw.

4 Pubonan anedha re gildennas, podrethek yns i oll warbarth : nyns eus denvydh a wrello dader, nyns eus nagonan.

5 A ny gonvedh an dhrogoberoryon : ow tybri ow fobel kepar dell dhebrons bara? Ny awlsons war Dhyw.

6 Ena yth esens i yn own bras yn tyller ma nag esa own : rag Dyw re dewlis a-les eskern an den a omsettyas a-dro dhis; ty re wrug bysmer dhedha, rag Dyw dh'aga dispresya.

7 A teffa selwyans Ysrael yn-mes a Sion! Pan drel Dyw kethneth y bobel ev : Yakob a vydh lowen, ha heudhik vydh Ysrael.

SALM 54. *Deus, in nomine.*

1 Salw vy, A Dhyw, a-barth dha Hanow : ha breus vy y'th nerth.

2 Klyw ow pysadow, A Dhyw : ro skovarn dhe lavarow ow ganow.

3 Rag estrenyon re sevis er ow fynn : ha tus fell a hwila ow enev, na worrsons Dyw a-dheragdha.

4 Ott, Dyw yw ow gwereser : yma an Arloedh gans an re a skoedh ow enev.

5 Ev a attal drog dhe'm eskerens : kis i y'th wirder.

6 My a wra sakrifis dhis gans offrynnow rydh : my a wormel dha Hanow, rag y vos mar dha.

7 Rag ev re'm delivras diworth pub anken : ha'm lagas re welas y vynnas war ow eskerens.

SALM 55. *Exaudi, Deus.*

1 Ro skovarn, A Dhyw, dhe'm pysadow : ha na omgudh rag ow govynnadow.

2 Goslow orthiv, ha gorthyp dhymm : my a hanas heb hedhi, ha gul kynvann;

3 Drefenn lev an eskar, drefenn gwask an tebelwas : rag i a dewl sherewneth warnav, hag yn sorr i a'm kas.

4 Ow holonn yw paynys yn feur a-berth ynnov : hag euth mernans re goedhas warnav.

5 Own ha skruth re dheuth warnav : hag euth re'm gorheras.

6 Ha my a leveris, A pe genev eskelli avel kolommenn : ena y hwrussen vy nija dhe-ves ha powes.

7 Ott, my a wandersa a-bell : ha tryga y'n difeyth.

8 My a fisa toth men dhe skovva : rag an korwyns ha'n hager awel.

9 Distru, A Arloedh, ha rann aga thavosow : rag my re welas garowder ha strif y'n sita.

10 Dydh ha nos ymons i a-dro dhedhi war hy fosow : yma dregynn ha meschyf yn hy mysk.

11 Yma terros yn hy mysk : ny dhiberth kompressans na falsuri diworth hy stretys.

12 Rag ny veu eskar neb a'm skornyas : mara pe, my a'n porthsa.

13 Ha nyns o an den a'm kasas neb a'm despityas : mara pe, my a omgudhsa ragdho;

14 Mes ty, den a'n keth degre agesov : ow heskoweth, ha'm kothman.

15 Ni a geskewsi yn hweg an eyl gans y gila : ha ni a gerdhi yn chi Dyw gans an routh.

16 Des ankow warnedha, ha diyskynnens yn fyw dhe ifarn : rag yma sherewneth y'ga annedhow, hag y'ga mysk.

17 Mes my a elow war Dhyw : ha'n Arloedh a'm selow.

18 Y'n gorthugher hag y'n myttin, ha dhe hanter-dydh my a grodhvol ha kyni : hag ev a glyw ow lev.

19 Ev a dhelivras ow enev yn kres diworth an gas o er ow fynn : rag yth esa lies huni a strivyas genev.

20 Dyw a glywvydh hag a worthyp dhedha, ev neb a dhur nevra : rag nyns eus trelvaow dhedha, ha ny berthons own a Dhyw.

21 Ev re worras y leuv erbynn an re usi yn kres ganso : ev re dorras y gevambos.

22 Aga ganow o levenna es amanenn, mes yth esa bresel y'ga holonn : aga lavarow o medhella ages olew, mes yth ens i kledhedhyow noeth.

23 Towl dha vegh war an Arloedh, hag ev a'th sosten : ny as ev nevra an re wiryon dhe drebuchya.

24 Mes ty, A Arloedh, a's gorr yn-nans dhe doll an pytt : ny vyw tus woesek ha fals moy ages hanter aga dydhyow; byttegyns my a drest ynnos jy.

Myttin 11

SALM 56. *Miserere mei, Deus.*

1 Bydh grassyes orthiv, A Dhyw, rag den a vynn ow stankya : dres an jydh ev a omladh, orth ow gwaska.

2 Ow eskerens re'm stankyas dres an jydh : rag lies a omladh er ow fynn, A Worughella.

3 Y'n eur may porthav own : my a drest ynnos jy.

4 Yn Dyw y hwormeulav y er ev : yn Dyw y trestyav, ny borthav own; pandr'a yll kig dhe wul er ow fynn?

5 Dres an jydh i a gammgemmer ow geryow : yma oll aga frederow er ow fynn rag drog.

6 I a omguntell, i a omgudh : i a verk ow hammow, pan gontrewaytyons ow enev.

7 Gwra aga rewardya herwydh aga sherewneth : yn sorr, towl an poblow yn-nans, A Dhyw.

8 Ty re verkyas ow gwandrans; gorr ow dagrow y'th votell : a nyns yns i skrifys y'th lyver jy?

9 Ena y trel ow eskerens war-dhelergh y'n jydh may halwav : hemma a wonn; rag yma Dyw genev.

10 Yn Dyw y hwormeulav y er ev : y'n Arloedh y hwormeulav y er ev.

11 Yn Dyw y trestyav : ny borthav own; pandr'a yll den dhe wul er ow fynn?

12 Yma dha ambosow warnav, A Dhyw : my a's tal dhis gans offrynnow gras.

13 Rag ty re dhelivras ow enev diworth ankow, ha'm treys diworth trebuchya : rag may kertthiv a-rag Dyw, yn golow an re vyw.

SALM 57. *Miserere mei, Deus.*

1 Bydh grassyes orthiv, A Dhyw, bydh grassyes orthiv, rag ow enev a drest ynnos jy : hag yn-dann skeus dha eskelli y fydh ow skovva, erna vo an droglammow ma tremenys.

2 My a elow war Dhyw, an Gorughella : war Dhyw a gowlwra puptra ragov.

3 Ev a dhyllo diworth nev, ha'm selwel a dhespit an den a'm stank : Dyw a dhannvon y dregeredh ha'y wirder.

4 Yma ow enev yn mysk lewyon; ha my a wrowedh yn mysk tus ow flammya gans sorr : aga dens yw gywow ha sethow, ha'ga thaves yw kledha lymm.

5 Bydh ughelhes, A Dhyw, a-ugh an nevow : bedhes dha wolowder dres oll an nor.

6 I re bareusas roes rag ow hammow, ow enev yw plegys y'n dor : i re balas pytt a-dheragov, hag i aga honan re goedhas a-berth ynno.

7 Fast yw ow holonn, A Dhyw, fast yw ow holonn : kana a wrav vy, ha gormeuli.

8 Difun, ow gordhyans; difunewgh, sowtri ha telynn : my a dhifun diworth an jydh.

9 My a'th wormel, A Arloedh, yn mysk an poblow : ha kana gormeula dhis yn mysk an kenedhlow.

10 Rag dha dregeredh yw meur bys dhe'n nevow : ha'th wirder bys dhe'n ebrenn.

11 Bydh ughelhes, A Dhyw, a-ugh an nevow : bedhes dha wolowder dres oll an nor.

SALM 58. *Si vere utique.*

1 A leverowgh hwi gwirvreus yn tevri : a vreusowgh yn ewnder, hwi vebyon den?

2 Hwi a wra sherewneth y'gas kolonn : hwi a boes garowder an nor y'gas diwleuv.

3 An debeles yw estrenyon diworth an brys : i a gammdremen kettell vons dineythys, ow kowleverel.

4 Aga venim yw kepar ha venim an sarf : yth yns i kepar ha'n nader neb a dhege hy skovarn;

5 Neb na glyw lev an hudoryon : na hwath an pystrier konnyk.

6 Brew aga dens y'ga ganow, A Dhyw : diswra dens meur an lewyon yowynk.

7 Deverens i avel dowr prest ow resek : pan bleg y warak, na vedhes y sethow lymm.

8 Teudhens i dhe-ves avel melhwenn yn unn dremena, avel askorr benyn dineythys kyns termyn : ma na wellons i an howl.

9 Kyns agas kalteryow dhe dava an dreyn : ev a's kemmer dhe-ves hwath yn fyw, dell ve gans korwyns.

10 An den gwiryon a lowenha pan wel dial : ev a wolgh y dreys yn goes an tebelwas.

11 Ha tus a lever, Yn hwir yma piwas dhe'n den gwiryon : yn hwir yma Dyw a vreus y'n nor.

SALM 59. *Eripe me de inimicis.*

1 Gwra ow delivra diworth ow eskerens, A Dhyw : gwith vy rag an re a sev er ow fynn.

2 Gwra ow delivra diworth an dhrogoberoryon : ha gwra ow selwel a'n dus woesek.

3 Rag ott, i a gontrewayt ow enev : an re alloesek a omguntell er ow fynn, heb kammweyth na pegh genev, A Arloedh.

4 Resek a wrons i hag ombareusi heb drogober genev : difun dhe'm gweres, ha mir.

5 Ha ty, A Arloedh Dyw an luyow, Dyw Ysrael, difun dhe wul vri a'n kenedhlow oll : na vydh grassyes orth an dhrogoberoryon fals.

6 I a dhehwel y'n gorthugher : i a dheskern avel ki ha resek a-dro y'n sita.

7 Ott, i a vedhygel gans aga ganow, hag yma kledhedhyow y'ga gweusyow : ow leverel, Piw a glyw?

8 Mes ty, A Dhyw, a wra ges anedha : ty a hwerth orth oll an kenedhlow.

9 Ow nerth vy, my a'th worta : rag Dyw yw ow dinas.

10 Dyw ow thregeredh a a-dheragov : Dyw a wra dhymm gweles ow mynnas war ow eskerens.

11 Na's ladh, ma na ankoffo ow fobel : diberth i gans dha nerth, ha'ga gorra yn-nans, A Arloedh agan skoes.

12 Rag pegh aga ganow, ha geryow aga gweusyow, bedhens i kemmerys y'ga goeth : ha rag an mollethi ha'n gowleverel a leverons.

13 Distru i y'th sorr, distru, rag na vons moy : godhvydhens i Dyw dhe rewlya yn Yakob, ha bys dhe bennow an nor.

14 Hag y'n gorthugher i a dhehwel : i a dheskern avel ki ha resek a-dro y'n sita.

15 I a wander a-derdro rag boes : ha krodhvolas mar ny gevons lowr.

16 Mes my a gan a'th nerth, ha my a gan yn ughel a'th tregeredh y'n myttin : rag ty re beu ow dinas, ha skovva yn jydh ow anken.

17 Dhiso jy, ow nerth, y kanav gormeula : rag Dyw yw ow dinas, an Dyw a'm tregeredh.

SALM 60. *Deus, repulisti nos.*

1 A Dhyw, ty re'gan skonyas, ha'gan terri : ty re sorras; trel arta dhyn ni.

2 Ty re gryghyllas an nor, ha'y folsa : yaghha y dorrvaow, rag ev a gren.

3 Ty re dhiskwedhas dhe'th pobel taklow kales : ty re wrug dhyn ni eva gwin a benn-dro.

4 Ty re ros baner dhe'n re a berth own ahanas : rag may fions diworth an warak.

5 Rag may fo dha garadowyon delivrys : salw dre dha leuv dheghow, ha klyw vy.

6 Dyw re gewsis yn y sansoleth : My a lowenha, ha ranna Shekem, ha musura nans Sukkoth.

7 Gilead yw dhymm, ha Manasse yw dhymm : Efraym ynwedh yw nerth ow fenn; Yuda yw ow gwelenn.

8 Moab yw ow seth-golghi; dres Edom y teghesav ow eskis : war Filisti my a arm yn trygh.

9 Piw a'm dre a-berth y'n dinas nerthek : piw a'm hembronk bys yn Edom?

10 A ny'gan forseksys, A Dhyw : a nyns edh yn-mes gans agan luyow?

11 Ro dhymm gweres erbynn an eskar : rag euver yw gweres den.

12 Dre Dhyw y hwren ni obereth meur : ev yw neb a stank agan eskerens.

SALM 61. *Exaudi, Deus.*

1 Klyw ow garm, A Dhyw : gwra vri a'm pysadow.

2 Diworth penn an nor y halwav warnas : pan glamder ow holonn.

3 Hembronk vy dhe'n garrek yw re ughel ragov : rag ty re beu skovva dhymm, ha dinas krev erbynn an eskar.

4 My a dryg y'th tylda bynytha : my a drest yn kudhans dha eskelli.

5 Rag ty, A Dhyw, re glywas ow ambosow : ty re ros dhymm ertaj an re a berth own a'th Hanow.

6 Ty a re dhe'n Myghtern bywnans hir : y vlydhynyow a dhur dres henedh ha henedh.

7 Ev a dryg a-dherag Dyw bynytha : re'n gwittho tregeredh ha gwirder.

8 Yndella y kanav gormeula dhe'th Hanow bynytha : rag may tylliv ow ambosow pub dydh.

SALM 62. *Nonne Deo?*

1 Ow enev yn tevri a worta an Arloedh : diworto y teu ow selwyans.

2 Ev y honan yw ow harrek ha'm selwyans : ow dinas ma na vydhav disevys nevra.

3 Pestermyn y settyewgh war dhen : orth y voldra, oll ahanowgh, avel magor blegys, po avel ke kromm?

4 I a omgusul unnweyth fatell yllons y dewlel yn-nans diworth y ughelder : i a gemmer plesour yn gowyow; i a vennik gans aga ganow, mes i a volleth y'ga holonn.

5 Ow enev, gorta Dyw y honan : rag ynno ev yma ow govenek.

6 Ev y honan yw ow harrek ha'm selwyans : ow dinas, ma na goetthiv.

7 Yn Dyw yma ow selwyans ha'm gordhyans : ev yw karrek ow nerth, hag yn Dyw yma ow skovva.

8 Trestyewgh ynno ev pup-prys, A bobel : dinewewgh agas kolonn a-dheragdho, rag Dyw yw agan skovva.

9 Yn tevri, euveredh yw tus isel, ha tus ughel yw falsuri : y'n vantol yth ons i war-vann, skaffa yns i es euveredh.

10 Na drestyewgh yn garowder, ha na fydhyewgh yn euver yn ladrans : mar moghha rychys, na worrewgh agas kolonn warnodho.

11 Unnweyth re gewsis Dyw, my re glywas hemma diwweyth : Bos galloes dhe Dhyw.

12 Ha dhiso jy, A Arloedh, yma tregeredh : rag ty a attal dhe bub huni herwydh y oberow.

SALM 63. *Deus, Deus meus.*

1 A Dhyw, ty yw ow Dyw : my a'th hwila yn tiwysek.

2 Yma syghes dhe'm enev war dha lergh, ow hig a'n jeves hireth ragos : yn tir kras ha sygh ma nag eus dowr.

3 Yn kettella re viris vy orthis y'n sentri : dhe weles dha nerth ha'th wolowder.

4 Rag gwell yw dha dregeredh ages bywnans : ow diwweus a'th wormel.

5 Ytho my a'th vennik hedra vywiv : my a dhrehav ow diwleuv dhe'th Hanow.

6 Ow enev a vydh kontentys kepar ha dell ve gans mer ha blonek : ha'm ganow a'th wormel gans diwweus heudhik,

7 Pan borthav kov ahanas war ow gweli : ha prederi ahanas yn goelyow an nos.

8 Rag ty re beu ow gweres : hag yn skeus dha eskelli y kanav gormeula.

9 Ow enev a len orthis : dha leuv dheghow a'm menten.

10 Mes an re a hwila ow enev rag y dhistrui : yth ons yn rannow isella an nor.

11 I a vydh delivrys dhe nerth an kledha : i a vydh rann dhe'n lewern.

12 Mes an Myghtern a lowenha yn Dyw; oll an re a de yn y Hanow ev a vost : mes ganow an re a wowlever a vydh deges.

SALM 64. *Exaudi, Deus.*

1 Klyw ow lev, A Dhyw, y'm krodhvol : gwith ow bywnans rag own an eskar.
2 Kudh vy rag kusul gel an debeles : rag freudh an dhrogoberoryon;
3 Neb a lymmas aga thaves avel kledha : hag a vedras lavarow hwerow avel sethow;
4 Rag may tennons yn keladow erbynn an den divlam : desempis i a denn er y bynn, heb perthi own.
5 I a ynni aga honan dhe dhregynn : i a omgusul a gudha maglennow, hag yn-medhons i, Piw a wel?
6 I a hwila sherewneth, ha'y wul yn tiwysek : kowses den ha'y golonn yw down.
7 Mes Dyw a denn er aga fynn : desempis i a vydh goliys.
8 Ytho ev a's diswra awos aga thavosow aga honan : pub den neb a's gwel a shak an penn.
9 Ha pub den oll a berth own, ha derivas gweythres Dyw : ha prederi yn town a'y ober ev.
10 An den gwiryon a lowenha y'n Arloedh, hag a drest ynno ev : hag oll an re yw ewn aga holonn a vost.

Gwesper 12

SALM 65. *Te decet hymnus.*

1 Gwiw yw dha wormeuli, A Dhyw, yn Sion : ha dhiso jy y fydh an ambos kollenwys.
2 Ty neb a woslow orth pysadow : dhiso jy y teu pub kig.
3 Agan peghosow yw re grev ragon : agan kammwriansow ni, ty a's glanha.

4 Gwynnvys an den a dhewisydh ha neshe dhis, may trykko y'th lysyow : ni a vydh lenwys a dhader dha ji, ha'th tempel sans.

5 Ty a worthyp dhyn gans taklow euthek yn gwiryonedh, A Dhyw agan selwyans : ty, neb yw govenek oll pennow an nor, ha'n re usi pell war an mor.

6 Der y nerth ev a fastha an menydhyow : yma grogys a alloes a-dro dhodho.

7 Ev a spavenha tros an mor : tros an mordonnow ha freudh an poblow.

8 Ynwedh an re a dryg y'n pella sornow a'n nor a berth own a'th arwoedhyow : ty a wra dhe borthow an bora ha'n gorthugher kana gormeula.

9 Ty a vir orth an nor ha'y dhowra : ty a wra dh'y feythter ynkressya.

10 Avon Dyw yw leun a dhowr : ty a dharbar ys ragdha, yndella ty a'n darbar.

11 Ty a dhowrha y fynnglow, ha levenhe y ryllyow : ty a'n medhelha gans kowasow, ha benniga y eginyow.

12 Ty a gurun an vlydhen gans dha dhader : ha'th fordhow a dhever gans feythter.

13 Peurvaow an difeyth a sewen : hag yma lowender a-dro dhe'n bronnow avel grogys.

14 An peurvaow yw gwiskys gans flokkys : an nansow yw kwethys gans ys : i a arm gans lowender, ha kana.

SALM 66. *Jubilate Deo.*

1 Gwrewgh tros heudhik dhe Dhyw, oll an nor : kenewgh gordhyans y Hanow, gwrewgh dh'y wormeula bos gloryus.

2 Leverewgh dhe Dhyw, Ass osta euthek y'th wriansow : dre vraster dha nerth yth omblek dha eskerens dhiso jy.

3 Oll an nor a'th wordh : ha kana dhis, ha gormeuli dha Hanow.

4 Dewgh, ha gwelewgh gwriansow Dyw : euthek yw ev yn y weythres orth mebyon den.

5 Ev a drelyas an mor dhe dir sygh : mayth ethons der an avon war dreys; ena y lowenhasyn ni ynno ev.

6 Ev a rewl der y nerth bynytha; y dhewlagas a aspi an kenedhlow : na vedhes an re worth ughelhes.

7 Bennigewgh agan Dyw, hwi boblow : ha gwrewgh dhe lev y wormeula bos klywys;

8 Neb a with agan enev yn bywnans : ha ny as agan treys dhe drebuchya.

9 Rag ty, A Dhyw, re'gan provas : ty re'gan assayas, dell yw arghans assayys.

10 Ty a'gan gasas dhe goedha y'n roes : ty a worras ahwer war agan diwglun.

11 Ty re wrug dhe dus marghogeth dres agan pennow : ni a dremenas dre dan ha dre dhowr, mes ty a'gan dros yn tyller ledan.

12 My a dheu y'th chi gans offrynnow leskys : ha my a dal dhis ow ambosow, a leveris ow diwweus hag a gewsis ow ganow pan esen yn poenvos.

13 My a brof dhis offrynnow leskys a enyvales peskys, gans ynkys hordhes : my a offrynn lodhnow gans gever.

14 Dewgh ha klywewgh, oll hwi a berth own a Dhyw : ha my a dheriv an pyth a wrug ev rag ow enev.

15 My a elwis warnodho gans ow ganow : hag yth esa gormeula war ow thaves.

16 Mar kwellen vy sherewneth y'm kolonn : ny'm klywsa an Arloedh.

17 Mes Dyw yn hwir re'm klywas : ev re woslowas orth lev ow fysadow.

18 Bennigys re bo Dyw, na drelyas ow fysadow dhe-ves : nag y dregeredh ev diworthiv.

SALM 67. *Deus misereatur.*

1 Dyw re bo grassyes orthyn, ha'gan benniga : ha re wrello dh'y fas golowi warnan.

2 Rag may fo dha fordh aswonnys war an nor : dha selwyans yn mysk oll an kenedhlow.

3 Re'th wormeullo an poblow, A Dhyw : re'th wormeullo oll an poblow.

4 Bedhes an kenedhlow heudhik ha garma yn lowen : rag ty a vreus an poblow gans ewnder, ha kevarwoedha an kenedhlow war an nor.

5 Re'th wormeullo an poblow, A Dhyw : re'th wormeullo oll an poblow.

6 An nor re ros y drevas : Dyw, agan Dyw re'gan bennigas.

7 Dyw re'gan bennikko : ha perthes own anodho oll pennow an norvys.

Myttin 13
SALM 68. *Exurgat Deus.*

1 Seves Dyw, bedhes y eskerens diberthys : ha fies dhe'n fo a-dheragdho an re a'n kas.

2 Dell yw mog pellhes, yndella gwra aga fellhe i : ha dell deudh koer a-dherag an tan, yndella es an debeles dhe goll a-dherag Dyw.

3 Mes lowenhes an re wiryon; bedhens heudhik a-dherag Dyw : ha bedhens leun a joy.

4 Kenewgh dhe Dhyw, kenewgh gormeula dh'y Hanow ev : gwrewgh hyns dhe neb a varghok war an nevow; an Arloedh yw y Hanow; bedhewgh heudhik a-dheragdho.

5 Tas dhe'n omdhivasow, ha breusyas an gwedhwesow : yndella yw Dyw yn y annedh sans.

6 Dyw a worr an re dhigoweth yn teyluyow; ev a dhre an prysners yn-mes dhe sewena : mes an re worth a dryg yn tir kras.

7 A Dhyw, pan ythys yn-mes a-dherag dha bobel : pan gerdhsys der an difeyth;

8 An nor a grenas, an nevow ynwedh a dheveras a-dherag Dyw : ha Sinay y honan a dhegrenas a-dherag Dyw, Dyw Ysrael.

9 Ty, A Dhyw, a dhannvonas glaw hel : ty a gennerthas dha ertaj pan o skwith.

10 Dha guntelles a drygas ena : ty, A Dhyw, a dharbaras y'th tader rag an den boghosek.

11 An Arloedh a ros an ger : bagas meur a dhellos an derivas.

12 Myghternedh a luyow a fias dhe'n fo : ha'n venyn esa ow kortos yn tre a rannas an preydh.

13 Kyn hwrowedhsowgh hwi yn mysk an korlannow : yth owgh hwi avel eskelli kolommenn kudhys gans arghans, ha'y fluv gans owr melyn.

14 Pan dhibarthas an Ollgalloesek myghternedh ynni : gwynn o hi avel ergh yn Salmon.

15 Menydh Dyw yw avel menydh Bashan : menydh ughel yw menydh Bashan.

16 Prag y lemmowgh, hwi venydhyow ughel? Hemm yw an menydh may fynn Dyw tryga ynno : yn tevri, an Arloedh a dryg ynno bynytha.

17 Charetys Dyw yw ugens mil, ha milyow a vilyow : yma an Arloedh y'ga mysk, avel yn Sinay, y'n sentri.

18 Ty re yskynnas y'n ughelder, ty re hembronkas prysners, ty re dhegemmeras rohow yn mysk tus : hag yn mysk an re worth, rag may trykko an Arloedh Dyw ena.

19 Bennigys re bo an Arloedh, neb a berth agan begh pub dydh : ev yw Dyw agan selwyans.

20 Agan Dyw ni yw Dyw a selwyans : ha dre Dhyw an Arloedh yma diank rag mernans.

21 Mes Dyw a vrew penn y eskerens : klopenn blewek an den a bes hwath yn y gammweyth.

22 An Arloedh a leveris, My a dhre arta diworth Bashan : my a dhre ow fobel arta diworth downderyow an mor;

23 Rag may trogghi dha droes yn goes : rag may kaffo taves dha geun y rann a'th eskerens.

24 I re welas dha geskerdh, A Dhyw : keskerdh ow Dyw, ow Myghtern, y'n sentri.

25 An ganoryon eth a-rag, an menestrouthi eth a-dryv : y'ga mysk yth esa morenyon ow tonsya gans tabours.

26 Bennigewgh Dyw y'n kuntellesow : ha'n Arloedh, hwi fenten Ysrael.

27 Ottena Benyamin byghan, aga rewler, pennsevigyon Yuda ha'ga routh : pennsevigyon Sebulun ha pennsevigyon Naftali.

28 Dha Dhyw re worhemmynnis dha nerth : surha, A Dhyw, an pyth re wrussys ragon ni.

29 A-barth dha dempel yn Yerusalem : myghternedh a dhre rohow dhiso jy.

30 Keredh goedhvil an kors, gre an terewi, gans leughi an poblow : a stankyas yn-dann dreys an temmyn a arghans; diberth an poblow a lowenha yn bresel.

31 Pennsevigyon a dheu yn-mes a Ejyp : Ethiopi a fysk dhe ystynna hy diwleuv dhe Dhyw.

32 Kenewgh dhe Dhyw, hwi wlaskordhow an nor : kenewgh gormeula dhe'n Arloedh;

33 Dhe neb a varghok war an nevow, an nevow koth : ott, ev a dhyllo y lev, ha henn yw lev galloesek.

34 Askrifewgh nerth dhe Dhyw; yma y veuredh war Ysrael : hag yma y nerth y'n ebrenn.

35 A Dhyw, euthek osta y'th tylleryow sans : Dyw Ysrael yw neb a re nerth ha galloes dh'y bobel; bennigys re bo Dyw.

Gwesper 13

SALM 69. *Salvum me fac.*

1 Salw vy, A Dhyw : rag an dowrow re dheuth bys dhe'm enev.

2 My a sedh yn leysyek dhown, ma nag eus tyller may seffiv : my re dheuth yn dowrow down, may hwra an livow resek warnav.

3 Skwith ov vy ow karma; sygh yw ow bryansenn: ow dewlagas a fyll, ha my ow kortos ow Dyw.

4 Moy es blewynnow ow fenn yw an re a'm kas heb ken: moy es ow eskern yw ow eskerens fals; my a attal an pyth na gemmeris vy.

5 A Dhyw, ty a aswonn ow folneth: ha nyns yw ow hammwriansow kudhys ragos.

6 Na as an re a'th worta dhe berthi meth a'm govis vy, A Arloedh an luyow: na as an re a'th hwila dhe vos disenorys a'm govis vy, A Dhyw Ysrael.

7 Rag a-barth dhiso jy y perthis vy bysmer: meth re gudhas ow fas.

8 My re dheuth ha bos estren dhe'm breder: ha den ankoth dhe fleghes ow mamm.

9 Rag tan ow holonn a-barth dha ji re'm kollenkas: ha despit an re a'th skorn jy re goedhas warnav vy.

10 Pan wrugavy dhe'm enev kyni gans penys: trelys o henna yn mewl dhymm.

11 Ha my a omwiskas yn yskar: my eth ha bos ensampel dhedha.

12 An re a esedh y'n porth a gews er ow fynn: ha'n bennow-medhow a gan ahanav yn ges.

13 Mes ow fysadow yw dhiso jy, A Arloedh: yn prys plegadow, A Dhyw, gorthyp dhymm y'th tregeredh meur, yn gwirder dha selwyans.

14 Gwra ow delivra diworth an leysyek, rag na setthiv: gas vy dhe vos delivrys diworth an re a'm kas, hag yn-mes a dhowrow down.

15 Na as an livow dhe vos warnav, ha na as an downder dhe'm kollenki: ha na as an pytt dhe dhegea y anow warnav.

16 Gorthyp dhymm, A Arloedh, rag da yw dha dregeredh : trel dhymmo vy, herwydh dha druedh meur.

17 Ha na gudh dha fas rag dha servyas, drefenn ow bos yn anken : gorthyp dhymm yn skon.

18 Deus nes dhe'm enev, ha'y brena : gwra ow delivra diworth ow eskerens.

19 Ty a aswonn ow mewl, ha'm meth, ha'm disenor : yma oll ow eskerens a-dheragos.

20 Mewl re dorras ow holonn; ha paynys bras a'm beus : my a hwilas neb a gemmerra truedh ahanav, mes nyns esa; ha konforters, mes ny's kevis.

21 I a ros dhymm ynwedh bystel rag ow boes : hag y'm syghes i a ros dhymm aysel.

22 Bedhes aga moes maglenn a-dheragdha : ha'ga offrynnow kres, bedhens antell.

23 Bedhes aga dewlagas tewl rag na wellons : ha gwra dh'aga diwglun prest krena.

24 Dyllo warnedha dha goler : ha settyes dha gonnar fell dalghenn ynna.

25 Bedhes aga annedh ynyal : na vedhes tryger y'ga thyldys.

26 Rag i a helgh an den a wrussys y weskel : hag ynkressya galar an re a vrewsys.

27 Gorr sherewneth dh'aga sherewneth i : ha na dhens i y'th wiryonedh.

28 Bedhens i defendys dhe-ves a lyver an re vyw : ha na vedhens i skrifys yn mysk an re wiryon.

29 Ha my, truan ov vy ha poenvosek : re'm drehaffo dha selwyans, A Dhyw.

30 My a wormel Hanow Dyw gans kan : ha my a'n meurhav gans gras.

31 Ha hemma a vydh gwell gans an Arloedh ages ojyon : po ages lo'n ha dhodho kern ha karnow.

32 An re hwar a'n gwelas, ha lowen yns i : hwilewgh Dyw, ha'gas kolonn a vyw.

33 Rag an Arloedh a glyw an re edhommek : ha ny dhispres ev an brysners.

34 Gormeules ev nev ha nor : an moryow ha puptra usi ow slynkya ynna.

35 Rag Dyw a selow Sion, ha drehevel sitys Yuda : hag i a dryg ena ha'y ferghenna.

36 Has y wesyon ynwedh a's erit : ha'n re a gar y Hanow a dryg ynni.

SALM 70. *Deus in adjutorium.*

1 A Dhyw, fisten dhe'm selwel : A Arloedh, deus uskis dhe'm gweres.

2 Perthens i meth ha bedhens shyndys, an re a hwila ow enev : bedhens i trelys war-dhelergh ha disenorys, an re a's teves delit a'm pystik.

3 Bedhens i trelys war-dhelergh awos aga meth : an re a lever, Aha, Aha.

4 Lowenhes kemmys a'th hwila ha bedhens i heudhik ynnos jy : ha seul a gar dha selwyans prest leverens, Bedhes Dyw meurhes.

5 Mes boghosek ov vy hag edhommek : deus uskis dhymmo vy, A Dhyw.

6 Ty yw ow gwereser ha'm delivrer : A Arloedh, na wra delatya.

SALM 71. *In te, Domine, speravi.*

1 Ynnos jy, A Arloedh, y trestyav : na as vy dhe berthi meth bynytha.

2 Gwra ow delivra y'th wiryonedh ha'm difres : pleg dha skovarn dhymm ha'm sawya.

3 Bydh dhymm karrek grev may tyffiv dhedhi pup-prys : ty re worhemmynnis ow selwel, rag ty yw ow harrek ha'm kastell.

4 Gwra ow delivra, A Dhyw, diworth leuv an tebelwas : diworth dorn an den kammhynsek ha didruedh.

5 Rag ty yw ow govenek, A Arloedh Dyw : ow fydhyans diworth ow yowynkneth.

6 Genes jy re beuv mentenys diworth an brys : ty yw neb a'm kemmeras diworth torr ow mamm; ow gormeula a vydh prest ahanas.

7 My re dheuth ha bos revedh dhe lies huni : mes ty yw ow hastell grev.

8 Bedhes ow ganow lenwys a'th wormeula : ha'th wordhyans dres an jydh.

9 Na'm towl vy dhe-ves yn termyn henys : na'm forsak vy pan fyll ow nerth.

10 Rag ow eskerens a gews er ow fynn : ha'n re a gontrewayt ow enev a omgusul warbarth;

11 Hag yn-medhons i, Dyw re'n forsakyas : helghyewgh ev, ha'y gemmeres; rag nyns eus den a'n deliffro.

12 A Dhyw, na vydh pell diworthiv : ow Dyw, deus uskis dhe'm gweres.

13 Perthens i meth ha mos dhe goll, neb yw eskerens ow enev : bedhens i kudhys gans mewl ha disenor, neb a hwila ow fystik.

14 Mes my a wayt heb hedhi : ha my a'th wormel moy ha moy.

15 Ow ganow a dheriv dha wiryonedh ha'th selwyans dres an jydh : rag ny wonn aga niver.

16 My a dheu yn nerth an Arloedh : my a dhre dhe gov dha wiryonedh jy dha honan.

17 A Dhyw, ty re dhyskas dhymm diworth ow yowynkneth : ha prest re venegis vy dha varthusyon.

18 Ha lemmyn y'm henys, ha my penn-loes, A Dhyw, na wra ow forsakya : erna dheriffiv dha alloes dhe'n kenedhel ma, dha nerth dhe bub henedh a dheu.

19 Ha'th wiryonedh, A Dhyw, yw pur ughel : ty neb re wrug gwriansow meur; A Dhyw, piw yw avelos jy?

20 Ty, neb re dhiskwedhas dhymm lies anken drog, a'm bywha arta : ha ty a'm dre yn-bann diworth downderyow an nor.

21 Ty a voghha ow enor : ha'm hebaskhe arta.

22 My a'th wormel ynwedh gans an sowtri drefenn dha wiryonedh, ow Dyw : my a gan dhiso jy gans an delynn, ty Sans Ysrael.

23 Ow diwweus a arm yn lowen pan ganav gormeula dhiso jy : ha'm enev ynwedh hag a brensys.

24 Ha'm taves a gews a'th wiryonedh dres an jydh : rag i a berth meth, yth yns i shyndys, neb a hwila ow fystik.

SALM 72. *Deus, judicium.*

1 Ro dha vreusow dhe'n Myghtern, A Dhyw : ha'th wiryonedh dhe vab an Myghtern.

2 Re vreusso ev dha bobel gans gwiryonedh : ha'th voghosogyon gans gwirvreus.

3 Re dhrollo an menydhyow kres dhe'n bobel : ha'n brennow, dre wiryonedh.

4 Re vreusso ev an voghosogyon yn mysk an bobel : ha re sawo mebyon an den edhommek, ha brewi dhe demmyn an den a'm gwask.

5 Re bortthons own ahanas hedra vo an howl ow pesya : ha hedra vo an loer, a unn henedh dhe'n nessa.

6 Ev a dhiyskynn avel glaw war an gwels goera : avel kowasow a dhowrha an nor.

7 Yn y dhydhyow gwiryonedh a vleujyow : ha palster kres, erna hettho an loer.

8 Hag ev a'n jeves maystri a vor dhe vor : ha diworth an avon bys dhe bennow an norvys.

9 An re a dryg y'n difeyth a bleg a-dheragdho : y eskerens a lap an doust.

10 Myghternedh Tarshish ha'n ynysow a re trubyt : myghternedh Sheba ha Seba a dhre rohow.

11 Ha'n vyghternedh oll a bleg a-dheragdho : oll an kenedhlow a vydh y sojets.

12 Rag ev a dhelirv an edhommek pan arm : ha'n boghosek ma nag eus dhodho gwereser.

13 Ev a gemmer truedh a'n den gwann ha'n edhommek : hag ev a selow enevow an edhommogyon.

14 Ev a bren aga enev diworth kompressans ha garowder : ha drudh vydh aga goes yn y wolok ev.

15 Ev a vyw, ha dhodho y fydh res owr diworth Sheba : i a bys ragdho heb hedhi, ha'y venniga dres an jydh.

16 Y fydh kals ys y'n nor ow tegrena war benn an menydhyow : y frut a vydh avel Lebanon, ha tus an sita a sewen avel gwels an nor.

17 Y Hanow a dhur bys vykken; y Hanow a vydh fastyes a-dherag an howl : tus a vydh bennigys ynno; an kenedhlow oll a'n gelow bennigys.

18 Bennigys re bo an Arloedh Dyw, Dyw Ysrael : neb y honan a wra marthusyon;

19 Ha bennigys re bo y Hanow gloryus bynytha : hag oll an nor a vydh lenwys a'y wolowder. Amen hag Amen.

Gwesper 14

SALM 73. *Quam bonus Israel!*

1 Da yn hwir yw Dyw orth Ysrael : orth an re yw glan aga holonn.

2 Byttegyns nammna drebuchyas ow threys : ogas disevys o ow hammow.

3 Rag my a borthas envi orth an re woethus : pan welis vy sewenyans an debeles.

4 Rag nyns eus dhedha gloesow : yagh ha krev yw aga horfow.

5 Nyns yns i yn poenvotter dell yw tus erell : ha nyns yns i pystigys dell yw tus erell.

6 Rakhenna yma goeth a-dro dh'aga honna avel torgh : garowder a's kudh avel kweth.

7 Aga dewlagas a hwedh gans tewder : i a's teves moy ages hwansow aga holonn.

8 I a wra ges, ha kewsel yn spitus : i a wodros kompressans, ughel aga fenn.

9 I re settyas aga ganow erbynn an nevow : ha'ga thaves a gerdh der an nor.

10 Rakhenna ow fobel a drel dhedha : ha lapya oll aga lavarow avel dowr.

11 Hag i a lever, Fatell woer Dyw : eus godhvos gans an Gorughella?

12 Ott, an re ma yw an debeles : i a sewen y'n norvys ha'ga rychys a voghha.

13 Devri my re lanhas ow holonn yn euver : ha golghi ow diwleuv yn gwiryonses.

14 Rag dres an jydh yth en vy gwyskys : ha pystigys pub myttin.

15 Mar lavarren, Yn kettella y kowsav vy : my a gammwrussa erbynn henedh dha fleghes.

16 Pan ombrederis fatell gonvedhyn vy hemma, poenvotter o ev y'm golok vy,

17 Ernag yth vy yn sentri Dyw : ena y konvedhis vy aga diwedh i.

18 Devri ty a's gorras yn tylleryow slynk : ty a wrug dhedha koedha yn terros.

19 Fatell ons yn ahwer yn unn lamm : difygys yns i yn tien gans euth!

20 Avel hunros pan dhifun den : A Arloedh, pan dhifunydh jy, ty a dhispres aga imaj.

21 Rag moredhek o ow holonn : ha gloesow a envi eth der ow lonethi.

22 Mar anfur en vy, ha diskians : kepar ha lo'n en vy a-dheragos.

23 Byttegyns yth esov vy prest genes : ty re'm synsis er ow leuv dheghow.

24 Gans dha gusul ty a'm lyw : ha wosa henna ow hemmeres yn golowder.

25 Piw a'm beus y'n nevow marnas ty : ha nyns eus travydh war an nor a yeunniv marnas ty.

26 Ow hig ha'm kolonn a fyll : mes Dyw yw nerth ow holonn ha'm rann bys vykken.

27 Rag ott, an re usi pell diworthis a dhe goll : ty re gisyas oll an re a wra avoutri er dha bynn.

28 Mes da yw ragov dos ogas dhe Dhyw, my re worras ow threst y'n Arloedh Dyw : rag may teriffiv dha wriansow oll.

SALM 74. *Ut quid, Deus?*

1 Prag, A Dhyw, re'gan skonsys bynytha: prag y feg dha sorr orth deves dha beurva?

2 Porth kov a'th kuntelles a brensys seuladhydh : loeth dha ertaj a dhasprensys, ha menydh Sion may trygsys ynno.

3 Trel dha gammow troha'n magoryow nevra a bes : an sherewneth oll re wrug an eskar y'n sentri.

4 Dha eskerens a vedhygel yn mysk dha guntellesow : i a dhrehav aga arwoedhyow avel toknys.

5 Haval ens i orth tus esa ow hakkya : gans boelyow war pryskkoes tew.

6 Ha lemmyn i a dhral oll an prennweyth gravyes : gans boelyow ha mortholow.

7 I re worras tan y'th sentri : i re dhefolas annedh dha Hanow bys dhe'n dor.

8 I a leveris y'ga holonn, Gwren ni aga diswul yn tien : i re loskas oll synagys Dyw y'n pow.

9 Ny welyn agan arwoedhyow, nyns eus profoes bydh moy : ha nyns eus y'gan mysk neb a wodhvo pygemmys termyn.

10 Pestermyn, A Dhyw, y hwra an eskar ges : a dhispres an eskar dha Hanow bys vykken?

11 Prag y tennydh jy dha leuv dhe-ves : prag na gemmerydh jy dha leuv dheghow diworth dha askra ha'ga hisya?

12 Rag Dyw re beu ow myghtern bythkweyth : ow kul selwyans yn mysk an norvys.

13 Ty a rannas an mor dre dha nerth : ty a dorras pennow an dragons y'n dowrow.

14 Ty a vrewis pennow Lawethan dhe demmyn : ha'y ri avel boes dhe'n bobel trygys y'n difeyth.

15 Ty a folsas an fenten ha'n fros : ty a dhesyghas avonyow prest ow resek.

16 Ty a biw an jydh, dhiso jy ynwedh yw an nos : ty re bareusas an golow ha'n howl.

17 Ty re settyas oll oryon an nor : ty re wrug hav ha gwav.

18 Porth kov a hemma, A Arloedh, fatell wrug an eskar ges : ha fatell gablas an bobel fol dha Hanow.

19 Na ro enev dha durenn dhe'n goedhviles : na ankov kuntelles dha voghosogyon bys vykken.

20 Gwra vri a'n kevambos : rag leow tewl an nor yw leun a annedhow garowder.

21 Na dhehweles an truan yn disenor : gormeules an boghosek ha'n edhommek dha Hanow.

22 Sav, A Dhyw, pled dha gen jy : porth kov a'n despit gwrys dhis gans an fol dres an jydh.

23 Na ankov lev dha eskerens : tros an re a sev er dha bynn a voghha pub eur oll.

SALM 75. *Confitebimur tibi.*

1 Dhiso jy y hwodhon gras, A Dhyw : dhiso jy y hwodhon gras : ni a elow dhe'th Hanow, ha derivas dha varthusyon.

2 Pan gemmerriv prys gwiw : my a vreus gans ewnder.

3 An nor a deudh ha'n re usi ynno trygys : my yw neb a fastha y golovenyow.

4 My a leveris dhe'n re woethus, Na vostyewgh : ha dhe'n debeles, Na dhrehevewgh agas korn.

5 Na dhrehevewgh agas korn mar ughel : ha na gewsewgh howtyn dha gonna.

6 Rag ny dheu remoshyon diworth an howldrevel na diworth an worlewin : na diworth an deghow na diworth an menydhyow.

7 Mes Dyw yw an breusyas : ev a iselha unn den hag ughelhe den arall.

8 Rag yn leuv an Arloedh yma hanaf, ha rudh yw an gwin : kemmyskys yw yn leun, hag ev a dhinwa anodho.

9 Mes an godhes anodho : oll tebelwesyon an nor a'n gwask yn-mes ha'y eva.

10 Mes my a dheriv bynytha : ha kana gormeula dhe Dhyw Yakob.

11 Oll kern an debeles a droghav dhe-ves : ha kern an re wiryon a vydh ughelhes.

SALM 76. *Notus in Judaea.*

1 Aswonnys yw Dyw yn Yuda : meur yw y Hanow yn Ysrael.

2 Yn Salem yma y skovva : ha'y annedh yn Sion.

3 Ena y torras ev sethow an warak : an skoes ha'n kledha hag arvow bresel.

4 Splanna osta ha kreffa : ages an menydhyow nevra a bes.

5 An re golonnek o pyllys, i a goedhas yn kosk : ha ny wodhya nagonan a'n vreseloryon gul devnydh a'y dhiwleuv.

6 Orth dha geredh jy, A Dhyw Yakob : an charet ha'n margh a goedhas yn kosk poes.

7 Ty, ty yw euthek : ha piw a sev a-dheragos pan osta serrys?

8 Ty a wrug dhe'th vreus bos klywys diworth nev : an nor a grenas, ha spavenhe,

9 Pan sevis Dyw dhe vreus : dhe selwel oll an re hwar usi y'n nor.

10 Devri, sorr mab-den a drel dhe'th wormeula : an remenant a'n sorr ty a wisk a-dro dhis avel grogys.

11 Gwrewgh ambos dhe'n Arloedh agas Dyw, ha'y gollenwel : oll an re usi yn y gyrghynn, drens i rohow dhe neb a dal y owna.

12 Ev a derr dhe-ves an spyrys a bennsevigyon : euthek yw ev orth myghternedh an nor.

SALM 77. *Voce mea ad Dominum.*

1 My a elwis war Dhyw gans ow lev : war Dhyw y helwis gans ow lev, hag ev a ros skovarn dhymm.

2 Yn jydh ow anken y hwilis vy an Arloedh : ow leuv o ystynnys y'n nos, ha nyns o skwith : ow enev a skonyas a gavoes hebaska.

3 My a berth kov a Dhyw, ha moredhek ov vy : my a breder yn town, ha'm enev a glamder.

4 Ty a syns ow dewlagas yn tifunys : mar droblys ov vy ma na allav kewsel.

5 My re brederis a'n dydhyow kyns : a'n blydhynyow usi tremenys seuladhydh.

6 My a berth kov a'm kan y'n nos : my a gews gans ow holonn vy, ha'm enev a hwila yn tiwysek.

7 A wra an Arloedh skonya bynytha : hag a ny vydh ev pes da nevra namoy?

8 A hedhis y dregeredh bynytha : a fyll y ambos a unn henedh dhe'n nessa?

9 A ankovas Dyw bos grassyes : a dhegeas ev y druedh yn sorr?

10 Ha my a leveris, Hemm yw ow gwannder : leuv dheghow an Gorughella dhe vos trelys.

11 My a berth kov a wriansow an Arloedh : devri, my a berth kov a'th varthusyon kyns.

12 My a breder ynwedh a'th oberow oll : ha my a gews a'th wriansow.

13 Dha fordh, A Dhyw, yw sans : pana dhyw yw meur avel agan Dyw ni?

14 Ty yw an Dyw a wra marthusyon : ty re dherivis dha nerth yn mysk an bobel.

15 Gans dha vregh ty re brenas dha bobel : mebyon Yakob ha Yosef.

16 An dowrow a'th welas, A Dhyw, an dowrow a'th welas hag a borthas own : an downderyow ynwedh a grenas.

17 An kommol a dhiveras dowr, an nevow a wrug tros : dha sethow ynwedh a lughesas a-les.

18 Lev dha daran esa y'n korwyns : an lughes a wolowas an norvys; an nor a dhegrenas ha krysya.

19 Yma dha fordh y'n mor, ha'th hynsyow y'n dowrow meur : ha nyns yw olyow dha dreys aswonnys.

20 Ty a hembronk dha bobel avel deves : dre leuv Moyses hag Aron.

Gwesper 15

SALM 78. *Attendite, popule.*

1 Goslowewgh orth ow lagha, ow fobel : plegyewgh agas skovarn dhe lavarow ow ganow.

2 My a iger ow ganow yn parabolenn : my a lavar dythow tewl a'n oesow koth;

3 An re a glywsyn hag a wodhven : hag a dherivis agan tasow dhyn ni.

4 Ny's kelyn rag aga fleghes : ow terivas gormeula an Arloedh dhe'n henedh a dheu, y nerth ha'y varthusyon a wrug ev.

5 Rag ev a fastyas dustuni yn Yakob, hag a ros lagha dhe Ysrael : a worhemmynnis ev dh'agan tasow, ma's deriffens orth aga fleghes;

6 Ma's godhve an henedh a dho, an fleghes a vedha genys : rag may saffens ha'ga derivas orth aga fleghes;

7 Rag may hworrens aga threst yn Dyw : ha ma nag ankoffens gwriansow Dyw, mes gwitha y worhemmynnow;

8 Ha ma na vens avel aga thasow, henedh dislen ha gorth; henedh na ewnas aga holonn, ha nag esa aga spyrys len gans Dyw;

9 Kepar ha mebyon Efraym : ervys hag ow toen gwaregow, neb a drelyas aga heynow yn jydh an gas.

10 Ny synssons kevambos Dyw: mes i a skonyas a gerdhes yn y lagha ev;

11 Owth ankevi y wriansow ev: ha'y varthusyon a dhiskwedhsa orta.

12 Taklow marthys a wrug ev yn golok agan tasow, yn bro Ejyp: yn gwel Soan.

13 Ev a rannas an mor, hag a wrug dhedha tremena dredho: ev a wrug dhe'n dowrow sevel kepar ha graghell.

14 Ha dydhweyth ev a's hembronkas gans kommolenn: ha dres an nos gans golow tan.

15 Ev a folsas an karregi y'n difeyth: hag a ros diwes dhedha, kepar ha pan dheffa yn-mes a dhownderyow meur.

16 Ev a dhros frosow yn-mes a'n garrek: hag a wrug dhe dhowrow dewraga kepar hag avonyow.

17 Byttegyns i a beghas dhe voy er y bynn: ha serri an Gorughella y'n difeyth.

18 I a brovas Dyw y'ga holonn: ow tervynn boes rag aga ewl.

19 Hag i a gewsis erbynn Dyw, ow leverel: A yll Dyw dyghtya moes y'n difeyth?

20 Ott, ev a weskis an garrek may tewragas an dowrow, ha'n frosow a fennas: mes a yll ev ri bara ynwedh, po darbari kig rag y bobel?

21 Ytho an Arloedh a glywas hemma, hag a sorras: tan o enowys yn Yakob, ha konnar a sordyas erbynn Ysrael;

22 Drefenn na gryssons yn Dyw: na fydhya yn y selwyans ev.

23 Ytho ev a worhemmynnis dhe'n kommol a-vann: hag igeri darasow nev.

24 Hag ev a asas manna dhe goedha warnedha avel glaw, ma'n depprens: hag a ros dhedha ys an nevow.

95

25 Ytho den a dhybris bara an eledh : ev a dhannvonas dhedha lanwes a voes.

26 Ev a wrug dhe wyns an howldrevel hwytha y'n nevow : ha der y nerth ev a dhros gwyns an deghow.

27 Ev a wrug dhe gig koedha warnedha avel doust : hag ydhyn askellek kepar ha tewes an mor.

28 Hag ev a's gasas dhe goedha yn mysk aga thyldys : a-dro dh'aga annedhow.

29 Ytho i a dhybris hag yth ens i lenwys yn ta : rag ev a ros dhedha an pyth a yeunsons; nyns ens i toellys y'ga ewl.

30 Mes gans an boes hwath y'ga ganow, konnar Dyw a dheuth warnedha, ha ladha an re vrassa anedha : ha gul dhe flour Ysrael koedha.

31 Yn despit dhe hemma oll, i a beghas hwath : ha ny gryssons yn y varthusyon ev.

32 Rakhenna ev a wrug dh'aga dydhyow tremena yn euveredh : ha'ga blydhynyow yn euth.

33 Pan y's ladhas, i a'n hwilas : hag i a drelyas ha hwilas Dyw yn tiwysek.

34 Hag i a borthas kov Dyw dhe vos aga harrek : ha Dyw, an Gorughella, dhe vos aga dasprenyas.

35 Byttegyns i a'n feklas gans aga ganow : hag a wowleveris orto gans aga thaves.

36 Rag nyns o aga holonn fast ganso : ha nyns ens i len yn y gevambos.

37 Mes ev, leun a druedh, a avas aga drogobereth : ha ny's distruis.

38 Ha lieskweyth ev a drelyas dhe-ves y sorr : ha ny sordyas oll y gonnar.

39 Rag ev a borthas kov i dhe vos kig : ha gwyns a dremen, ha ny dhehwel.

40 Ass wrussons i sevel lieskweyth er y bynn y'n difeyth : ha grevya dhodho y'n gwylvos!

41 I a drelyas, ha previ Dyw y'ga holonn : ha paynya an Sans a Ysrael.

42 Ny borthsons kov a'y leuv : nag a'n jydh ma's dasprenas diworth an eskar;

43 Fatell wrussa ev y arwoedhyow yn Ejyp : ha'y varthusyon yn gwel Soan.

44 Ev a drelyas aga avonyow dhe woes : ha'ga frosow, ma nag effens anedha.

45 Ev a dhannvonas hesow a sadron y'ga mysk, a's devoryas : ha kwilkynyow, a's distruis.

46 Ev a ros aga threvasow dhe'n pryv : ha'ga lavur dhe'n kulyek-reden askellek.

47 Ev a dhistruis aga gwinbrennyer gans keser : ha'ga sykamorwydh gans rew.

48 Ev a asas aga gwarthek dhe'n keser : ha'ga flokkys dhe'n lughes.

49 Ev a dhellos warnedha y gonnar fell, sorr, ha koler, hag anken : ha dannvon tebel eledh y'ga mysk.

50 Ev a dharbaras hyns rag y sorr, ha ny withas aga enev rag ankow : mes ev a ros aga bywnans dhe'n pla;

51 Hag ev a weskis oll an re gynsa-genys yn Ejyp : flour aga nerth yn tyldys Ham.

52 Mes y bobel y honan, ev a's hembronkas avel deves : ha'ga lywya y'n difeyth avel flokk.

53 Ev a's ledyas yn tiogel, ma nag ownsons : mes an mor a gudhas aga eskerens.

54 Ev a's dros dhe or y sentri : dhe'n menydh a brenas gans y leuv dheghow.

55 Hag ev a bellhas an kenedhlow a-dheragdha : hag a's rannas dhedha yn ertaj, ha gul dhe loethyow Ysrael tryga y'ga thyldys i.

56 Mes i a brovas hag a sorras an Gorughella : ha ny synssons y dhustuniow;

57 Mes i a gildennas hag omdhoen yn fals avel aga thasow : i a drelyas a-denewen avel gwarak gamm.

58 Rag i a'n sorras gans aga leow ughel : hag a wrug dh'y avi sevel der aga imajys gravyes.

59 Pan glywas Dyw hemma, serrys veu : hag ev a dhispresyas Ysrael yn feur.

60 Ytho ev a forsakyas an skovva yn Shilo : an tylda a worrsa yn mysk mab-den.

61 Ev a dhelivras y nerth dhe gethneth : y wolowder dhe leuv an eskar.

62 Hag ev a ros y bobel dhe'n kledha : hag a sorras orth y ertaj.

63 Tan a dhybris aga thus yowynk : ha ny veu aga maghtethyon res yn demmedhyans.

64 Aga oferysi a veu ledhys gans an kledha : ha ny gynas aga gwedhwesow.

65 Ytho an Arloedh a dhifunas avel onan ow sevel yn-mes a gosk : kepar ha kowr ow karma wosa gwin.

66 Ev a weskis y eskerens war-tu delergh : hag a ros disenor dhedha bynytha.

67 Ev a skonyas tylda Yosef : ha ny dhewisas loeth Efraym;

68 Mes ev a dhewisas loeth Yuda : menydh Sion, a gara.

69 Hag ena ev a dhrehevis y sentri mar ughel avel an nevow : avel an nor re fastyas bynytha.

70 Hag ev a dhewisas Davydh y servyas : hag a'n kemmeras yn-mes a gorlannow an deves.

71 Hag ev owth holya an deves gans aga eyn ow tena, ev a'n dros : dhe vaga Yakob y bobel, hag Ysrael y ertaj.

72 Ytho ev a's gwithas gans kolonn dhivlam : hag ev a's lywyas herwydh sleynedh y dhiwleuv.

Myttin 16

SALM 79. *Deus, venerunt.*

1 A Dhyw, an kenedhlow re dheuth y'th ertaj : i re dhefolas dha dempel sans, ha gorra Yerusalem yn bern a veyn.

2 I re ros korfow dha wesyon avel boes dhe ydhyn an nevow : ha kig dha sens dhe vestes an nor.

3 I re skoellyas aga goes avel dowr a-dro dhe Yerusalem : ha nyns esa denvydh a's ynkleutthya.

4 Ni re dheuth ha bos mewl dh'agan kentrevogyon : skorn ha ges dhe'n re usi y'gan kyrghynn.

5 Pestermyn, A Arloedh? A vydhydh serrys bynytha : a lesk dha avi avel tan?

6 Dyllo dha gonnar war an kenedhlow na'th aswonnis : ha war an gwlaskordhow na elwis war dha Hanow.

7 Rag i re dhevoryas Yakob : ha ravna y annedh.

8 Na borth kov a dhrogoberow agan hendasow, des dha druedh dhyn ni yn skon : rag gyllys pur isel on ni.

9 Gweres dhyn ni, A Dhyw agan selwyans, er golowder dha Hanow : gwra agan delivra, ha kudh agan peghosow, a-barth dha Hanow.

10 Prag y lever an kenedhlow : Ple'ma aga Dyw?

11 Bedhes diskwedhys dhe'n kenedhlow y'gan golok ni : dial rag an goes skoellys a'th wesyon.

12 Des kynvann an prysner a-dheragos : herwydh meuredh dha nerth, gwith an re dampnyes dhe vernans.

13 Daskorr seythplek dhe askra agan kentrevogyon : rag an skorn may'th skornsons jy, A Arloedh.

14 Ytho ni, dha bobel ha deves dha beurva, a woer gras dhis bynytha : ni a dheriv dha wormeula a unn henedh dhe'n nessa.

SALM 80. *Qui regis Israel.*

1 Goslow, A vugel Ysrael, ty neb a hembronk Yosef avel flokk : omdhiskwa, ty neb a dryg ynter an cherubyns.

2 A-dherag Efraym ha Benyamin ha Manasse : difun dha nerth, ha deus dh'agan selwel.

3 Trel ni arta, a Dhyw : gwra dhe'th fas golowi, ha ni a vydh selwys.

4 A Arloedh Dyw an luyow : pestermyn y serrydh orth pysadow dha bobel?

5 Ty re's magas gans bara dagrow : ty re ros dagrow dhedha dhe eva dres musur.

6 Ty a'gan gwra strif dh'agan kentrevogyon : ha'gan eskerens a wra ges ahanan.

7 Trel ni arta, A Dhyw an luyow : gwra dhe'th fas golowi, ha ni a vydh selwys.

8 Ty a dhros gwinbrenn yn-mes a Ejyp : ty a dewlis dheves an kenedhlow, ha'y blansa ev.

9 Ty a bareusas le a-dheragdho : hag ev a wreydhyas yn town ha lenwel an tir.

10 An menydhyow o kudhys gans y skeus : ha kederwydh Dyw gans y skorrennow.

11 Ev a dhellos y skorr bys dhe'n mor : ha'y skyll bys dhe'n avon.

12 Ytho prag y terrsys y geow : may kemmer oll an dremenysi y rappys?

13 Torgh an koes a'n raven : ha bestes an gwel a beur warnodho.

14 Trel arta, ni a'th pys, A Dhyw an luyow, mir yn-nans diworth nev : gwel, ha gwra vri a'n gwinbrenn ma;

15 An winlann a blansas dha leuv dheghow : ha'n skorrenn a wrussys mar grev ragos jy dha honan.

16 Leskys yw gans tan, ha treghys yw : i a dhe goll orth keredh dha fas.

17 Bedhes dha leuv war wour dha leuv dheghow : war vab an den a wrussys mar grev ragos jy dha honan.

18 Ytho ny drelyn ni diworthis arta : bywha ni, ha ni a elow war dha Hanow.

19 Trel ni arta, A Arloedh Dyw an luyow : gwra dhe'th fas golowi, ha ni a vydh selwys.

SALM 81. *Exultate Deo.*

1 Kenewgh yn lowen dhe Dhyw agan nerth : gwra tros heudhik dhe Dhyw Yakob.

2 Gwrewgh dhe'n menestrouthi seni, gweskewgh an tabour : an delynn hweg gans an sowtri.

3 Hwythewgh an trompa y'n loer nowydh : y'n prys apoyntys, y'gan dy'goel ughel.

4 Rag hemm yw ordenans dhe Ysrael : ha lagha a Dhyw Yakob.

5 Ev a erghis hemma yn Yosef rag dustuni : pan dheuth yn-mes a vro Ejyp.

6 My a glyw lev na wrav vy y aswonn ow leverel, My a dhifresas y skoedh a'n begh : y dhiwleuv a veu delivrys diworth an kanstellow.

7 Ty a elwis yn anken ha my a'th telivras : my a worthybis dhis yn keladow an daran; my a'th provas orth dowrow Meriba.

8 Klyw, ow fobel, ha my a dhustun dhis : A Ysrael, mar koslewydh orthiv,

9 Ny vydh ynnos jy dyw astranj : ha ny wordhydh jy dyw estren.

10 My yw an Arloedh dha Dhyw, a'th tug jy yn-mes a vro Ejyp : igor dha anow a-les, ha my a'n lenow.

11 Mes ny woslowas ow fobel orth ow lev : hag Ysrael a'm skonyas.

12 Ytho my a's gasas dh'aga holonn worth : dhe gerdhes herwydh aga husulyow aga honan.

13 Mar koslowa ow fobel orthiv : ha mar kerttha Ysrael yn ow fordhow vy;

14 My a fethsa aga eskerens yn skon : ha trelya ow leuv erbynn aga envi.

15 An re a gas an Arloedh a omwrussa gostyth dhodho : ha'ga thermyn a via bys vykken.

16 Ha my a'th vagsa gans gwaneth a'n gwella : ha gans mel diworth an garrek my a'th lanwsa.

Gwesper 16

SALM 82. *Deus stetit.*

1 Dyw a sev yn kuntelles nev : ev a vreus yn mysk an dhywow.

2 Pestermyn y freusowgh yn kamm : ow plegya dhe'n debeles?

3 Rewgh gwirvreus dhe'n den gwann ha dhe'n omdhivas : breusewgh an boghosek ha'n edhommek yn ewn.

4 Difresewgh an den gwann ha'n boghosek : gwra aga delivra diworth leuv an debeles.

5 Ny wodhons ha ny gonvedhons, mes i a gerdh yn-rag yn tewolgow : oll selyow an nor a gren.

6 My a leveris, Hwi yw dywow : ha hwi oll yw fleghes an Gorughella.

7 Byttegyns hwi a verow avel mab-den : ha koedha avel onan a'n bennsevigyon.

8 Sav, A Dhyw, breus an nor : rag ty a erit an kenedhlow oll.

SALM 83. *Deus, quis similis?*

1 Na daw, A Dhyw : na omdenn, ha na bowes, A Dhyw.

2 Rag ott, dha eskerens a wra tros : ha'n re a'th kas re dhrehevis aga fenn.

3 I a dewlis towlow fell erbynn dha bobel : hag omgusulya erbynn dha dus tresorys.

4 I re leveris, Dewgh, ha'ga hisya, ma na vons kenedhel : ha ma na vo hanow Ysrael yn kovadh namoy.

5 Rag i re omgusulyas keskolonn : ha gul kevambos er dha bynn;

6 Tyldys Edom ha'n Yshmaelogyon : Moab ha'n Hagarogyon;

7 Gebal, hag Ammon, hag Amalek : Filisti ha'n re yw trygys yn Tyr.

8 Asshur ynwedh re omjunyas gansa : i re weresas dhe vebyon Lot.

9 Gwra dhedha i dell wrussys dhe Midyan : dhe Sisera ha dhe Yabin orth dowr Kishon;

10 Neb a verwis yn Endor : ha dos ha bos avel teyl rag an dor.

11 Gwra aga bryntinyon avel Oreb ha Seeb : oll aga fennsevigyon avel Sebagh ha Salmunna;

12 Neb a leveris, Kemmeryn ni yn perghennogeth : dalghennyn ni peurvaow Dyw.

13 A Dhyw, gwra i avel has askall : avel kulyn a-rag an gwyns.

14 Kepar ha tan a lesk an koes : ha kepar ha flamm a worr tan y'n menydhyow;

15 Yn kettella helgh i gans dha annawel : ha browegh i gans dha dewedh.

16 Lanw aga fasow a dhisenor : may hwillons dha Hanow, A Arloedh.

17 Perthens i meth ha bedhens amayys bys vykken : bedhens i disenorys, ha mos dhe goll.

18 Ha godhvydhens i dha Hanow dhe vos an Arloedh : ty dha honan yw an Gorughella dres oll an nor.

SALM 84. *Quam dilecta.*

1 Ass yw karadow dha annedhow : A Arloedh luyow!

2 Ow enev yw hirethek, hi a yeun ynwedh war-lergh lysyow an Arloedh : ow holonn ha'm kig a arm yn lowen war an Dyw byw.

3 An golvan re gavas chi, ha'n wennel neyth rygdhi hi may hworro hy ydhnigow : dha alteryow jy, A Arloedh luyow, ow Myghtern ha'm Dyw.

4 Gwynnvys an re a dryg y'th chi : prest y fydhons orth dha wormeuli.

5 Gwynnvys an re ha'ga nerth ynnos jy : ha'th fordhow y'ga holonn.

6 Hag i ow tremena dre nans Baka, y'n gwrons tyller a fentynyow : ha'n glaw a-varr a'n kudh gans bennathow.

7 Yth ons i a nerth dhe nerth : pubonan a vydh gwelys a-rag Dyw yn Sion.

8 A Arloedh Dyw an luyow, klyw ow fysadow : goslow, A Dhyw Yakob.

9 Gwel, A Dhyw, agan skoes : ha mir orth fas dha Anoyntys.

10 Rag unn jydh y'th lysyow jy : yw gwell ages mil.

11 Gwell yw bos porther yn chi ow Dyw : ages annedhi tyldys sherewneth.

12 Rag an Arloedh Dyw yw howl ha skoes : an Arloedh a re ras ha golowder, ha ny skon ev a ri dader vydh-oll dhe'n re a gerdh yn ewnhynsek.

13 A Arloedh luyow : gwynnvys an den a worr y fydhyans ynnos jy.

SALM 85. *Benedixisti, Domine.*

1 Ty re beu grassyes, A Arloedh, orth dha dir : ty re drelyas kethneth Yakob.

2 Ty re avas drogobereth dha bobel : ha kudha oll aga fegh.

3 Ty re gemmeras dhe-ves oll dha sorr : ty re drelyas diworth dha gonnar fell.

4 Trel ni, A Dhyw agan selwyans : ha gas dha sorr orthyn.

5 A vydh sorr dhis orthyn ni bynytha : a ystynnydh dha sorr a unn henedh dhe'n nessa?

6 A ny drelydh ha'gan bywhe ni arta : rag may lowenhaho dha bobel ynnos jy?

7 Diskwa dha dregeredh dhyn ni, A Arloedh : ha gront dhyn dha selwyans.

8 My a woslow orth an pyth a lever Dyw an Arloedh : rag ev a lever kres dh'y bobel ha dh'y sens; mes na drelyens arta dhe folneth.

9 Devri yma y selwyans ogas dhe'n re a berth own anodho : may trykko golowder y'gan tir.

10 Tregeredh ha gwirder re omguntellas : gwiryonedh ha kres re ammas an eyl dh'y gila.

11 Gwirder a egin diworth an nor : ha gwiryonedh a vir yn-nans diworth nev.

12 Devri an Arloedh a re dader : ha'gan tir a re y drevas.

13 Gwiryonedh a a-dheragdho : ha kres a gerdh yn fordh y olyow ev.

Myttin 17

SALM 86. *Inclina, Domine.*

1 Pleg dha skovarn yn-nans, A Arloedh, ha gorthyp dhymm : rag boghosek ov vy hag edhommek.

2 Gwith ow enev, rag sans ov vy : salw dha servyas, ow Dyw, a drest ynnos jy.

3 Bydh grassyes orthiv, A Arloedh : rag warnas jy y halwav dres an jydh.

4 Lowenha enev dha servyas : rag dhiso jy y trehavav ow enev.

5 Rag ty, A Arloedh, yw da ha parys dhe ava : meur dha dregeredh orth oll an re a elow warnas.

6 Ro skovarn, A Arloedh, dhe'm pysadow : ha gwra vri a lev ow govynnadow.

7 Yn jydh ow anken y halwav warnas : rag ty a worthyp dhymm.

8 Yn mysk an dhywow nyns eus nagonan kepar ha ty, A Arloedh : ha nyns eus gwriansow kepar ha'th wriansow jy.

9 Oll an kenedhlow a wrussys jy a dheu ha plegya a-dheragos, A Arloedh : ha gordhya dha Hanow.

10 Rag meur osta jy, ha ty a wra marthusyon : ty yn unnik yw Dyw.

11 Dysk dhymm dha fordh, A Arloedh, ha my a gerdh y'th wirder : lowenhes ow holonn, mayth ownniv dha Hanow.

12 My a'th wormel, A Arloedh ow Dyw, a leun golonn : ha my a wordh dha Hanow bys vykken.

13 Rag meur yw dha dregeredh orthiv : ty re dhelivras ow enev diworth ifarn isella.

14 A Dhyw, an re woethus re sevis er ow fynn : ha kuntellesow an dus arow re hwilas ow enev, ha ny'th worrsons a-dheragdha.

15 Mes ty, A Arloedh, yw Dyw truedhek ha grassyes : lent ow serri, ha meur dha dregeredh ha'th wirder.

16 Trel dhymmo vy, ha bydh grassyes orthiv : ro dha nerth dhe'th servyas, ha salw mab dha vaghteth.

17 Diskwa dhymm arwoedh a'th tader, ma'n gwello an re a'm kas, ha perthi meth : rag ty, A Arloedh, re weresas dhymm, ha'm hebaskhe.

SALM 87. *Fundamenta eius.*

1 Yma hy sel hi war an menydhyow sans : an Arloedh a gar porthow Sion moy ages oll annedhow Yakob.

2 Taklow gloryus a vydh leverys y'th kever : ty sita Dyw.

3 My a venek Rahab ha Babylon orth an re a'm aswonn : otta Filisti ha Tyr hag Ethiopi; hemma a veu genys ena.

4 Hag yn kever Sion y fydh leverys, Lies huni a veu genys ynni : ha'n Gorughella y honan a's fastha.

5 An Arloedh pan skrif ev kovadh an poblow : a venek bos hemma genys ena.

6 An ganoryon ha'n dhonsyoryon warbarth a lever : Yma oll ow fentynyow ynnos jy.

SALM 88. *Domine Deus.*

1 A Arloedh Dyw ow selwyans, my re armas dydh ha nos a-dheragos : des ow fysadow a-dheragos, pleg dha skovarn dhe'm kri.

2 Rag leun yw ow enev a boenvos : ha'm enev a nesha dhe ifarn.

3 Reknys ov vy yn mysk an re a dhiyskynn dhe'n pytt : yth ov vy kepar ha gour heb nerth.

4 Tewlys yn mysk an re varow, kepar ha'n re ledhys neb a worwedh y'n bedh : na berthydh kov anedha namoy, ha diberthys yns i diworth dha leuv.

5 Ty re'm gorras y'n pytt isella : yn leow tewl, hag yn downderyow.

6 Dha gonnar yw poes warnav : ha ty re dhros warnav oll dha donnow.

7 Ty re bellhas diworthiv oll an re aswonnys genev : ty re'm gwrug kasadow dhedha.

8 Prysonys yn fast ov vy : ma na allav diank.

9 Ow lagas a fyll dre dhughan : A Arloedh, my a elwis warnas pub dydh, my re ystynnas ow diwleuv dhis.

10 A dhiskwedhydh marthusyon dhe'n re varow : a dhassergh tarosvannow dhe'th wormeuli?

11 A vydh dha dregeredh menegys y'n bedh : po dha lelder yn terros?

12 A vydh dha varthusyon aswonnys y'n tewolgow : ha'th wiryonedh yn tir ankov?

13 Mes warnas y helwis vy, A Arloedh : hag y'n myttin y teu ow fysadow a-dheragos.

14 Prag, A Arloedh, y skonydh ow enev : prag y kudhydh dha fas ragov?

15 Truan veuv ha parys dhe verwel diworth ow yowynkneth : my re borthas own ahanas, ha diweres ov vy.

16 Dha gonnar fell res eth dresov : own ahanas re'm distruis.

17 I a dheuth a-dro dhymm dres an jydh avel dowr : i a omsettyas a-dro dhymm a bub tu.

18 Karer ha koweth a bellhasys diworthiv : ha'n re aswonnys genev a worrsys yn tewlder.

Gwesper 17

SALM 89. *Misericordias Domini.*

1 My a gan a dregeredhow an Arloedh bynytha : gans ow ganow y terivav dha lelder a unn henedh dhe'n nessa.

2 Rag my re leveris, Tregeredh a vydh drehevys bynytha : dha wirder a festydh y'n nevow.

3 My re wrug kevambos gans an den dewisys genev : my re dos dhe Dhavydh ow servyas;

4 Dha has a fastyav bynytha : ha'th se a dhrehavav a unn henedh dhe'n nessa.

5 Ha'n nevow a wormel dha varthusyon, A Arloedh : dha lelder ynwedh yn kuntelles an sens.

6 Rag piw y'n nevow : a yll bos kehaval orth an Arloedh?

7 Piw yn mysk mebyon an dhywow : a yll bos haval orth an Arloedh?

8 Ownys yw Dyw yn kuntelles an sens : pur euthek a-ugh oll an re usi yn y gyrghynn.

9 A Arloedh Dyw an luyow, piw yw galloesek avelos jy : galloesek osta, A Arloedh, gans dha wirder a-dro dhis.

10 Ty a rewl hwythfians an mor : pan sev y donnow, ty a's koselha.

11 Ty re vrewis Rahab dhe eneworres : ty re skoellyas dha eskerens gans nerth dha vregh.

12 Yma an nevow dhiso jy, yma an nor ynwedh dhiso jy : an norvys ha myns eus ynno, ty re's selyas.

13 An kledh ha'n deghow, ty re's formyas : Tabor ha Hermon a lowenha y'th Hanow.

14 Yma genes bregh alloesek : nerthek yw dha leuv, hag ughel yw dha leuv dheghow.

15 Gwiryonedh ha gwirvreus yw sel dha se : tregeredh ha gwirder a a-dherag dha fas.

16 Gwynnvys an bobel a aswonn an garm heudhik : i a gerdh, A Arloedh, yn golow dha fas.

17 I a lowenha y'th Hanow dres an jydh : hag y'th wiryonedh y fydhons ughelhes.

18 Rag ty yw splannder aga nerth : hag y'th vodh da y trehevydh agan korn.

19 Rag an Arloedh Dyw yw agan skoes : ha Sans Ysrael yw agan Myghtern.

20 Y'n termyn na y kewssys orth dha sens yn hunrosow, ha leverel : My re worras gweres war onan galloesek; my re dhrehevis onan dewisys yn-mes a'n bobel.

21 My re gavas Davydh ow servyas : gans ow oyl sans my re'n untyas.

22 Ow leuv a'n menten : ha'm bregh ynwedh a'n krevha.

23 Ny drygh an eskar warnodho : ha ny'n pystik mab sherewneth.

24 Ha my a vrew y eskerens a-dheragdho : ha'n re a'n kas my a's gwysk.

25 Mes ow lelder ha'm tregeredh a vydh ganso : hag y'm Hanow vy y fydh y gorn ughelhes.

26 Ha my a sett y leuv y'n mor : ha'y leuv dheghow y'n avonyow.

27 Ev a elow warnav, Ow thas osta jy : ow Dyw, ha karrek ow selwyans.

28 Ha my a'n gwra ow hynsa-genys : an ughella a vyghternedh an nor.

29 My a with ow thregeredh orto bynytha : ha'm kevambos a sev fast ragdho.

30 My a wra dh'y has durya bys vykken : ha'y se avel dydhyow nev.

31 Mar kwra y fleghes gasa ow lagha : ha mar ny gerdhons y'm breusow,

32 Mar terrons i ow ordenansow : ha ny synsons ow gorhemmynnow,

33 Ena my a gessydh aga hammweyth gans an welenn : ha'ga drogobereth gans strokosow.

34 Mes ny gemmerav ow thregeredh diworto : ha ny asav ow gwirder dhe fyllel.

35 Ny dorrav ow hevambos : ha ny drelyav an pyth a dheuth yn-mes a'm diwweus.

36 Unnweyth re des vy re'm sansoleth : na wowlavarav orth Davydh.

37 Y has a dhur bys vykken : ha'y se a vydh avel an howl a-dheragov.

38 Ev a vydh fastyes avel an loer bynytha : hag avel dustuni len y'n nevow.

39 Mes ty re dewlis dhe-ves ha skonya : ty re sorras orth dha Anoyntys.

40 Ty re skonyas kevambos dha servyas : ty re dhefolas y gurun, orth hy thewlel dhe'n dor.

41 Ty re dorras oll y geow ev : ty re wrug y dhinasow leow a derros.

42 Oll an dremenysi a'n pyll : ev a dheuth ha bos skorn dh'y gentrevogyon.

43 Ty re dhrehevis leuv dheghow y envi : ty re lowenhas oll y eskerens.

44 Ty re drelyas min y gledha : ha ny'n gessys dhe sevel y'n gas.

45 Ty re dorras an welenn yn-mes a'y leuv : ha tewlel y se dhe'n dor.

112

46 Ty re verrhas dydhyow y yowynkneth : ty re'n kudhas gans meth.

47 Pestermyn, A Arloedh? A omgudhydh jy bynytha : a lesk dha sorr avel tan?

48 Porth kov, A Arloedh, pyth yw hys ow bywnans : a formsys oll mebyon den yn euver?

49 Py gour a vyw heb gweles ankow : a yll ev delivra y enev diworth leuv ifarn?

50 Ple'ma dha dregeredhow koth, A Arloedh : an re a desys dhe Dhavydh y'th wirder?

51 Porth kov, A Arloedh, a vewl dha wesyon : fatell borthav y'm askra despit an poblow;

52 An despit ganso may skornyas dha eskerens, A Arloedh : may skornsons olyow dha Anoyntys.

53 Bennigys re bo an Arloedh bys vykken ha bynari : Amen hag Amen.

Myttin 18

SALM 90. *Domine, refugium.*

1 A Arloedh, ty re beu agan skovva : a unn henedh dhe'n nessa.

2 Kyns an menydhyow dhe vos dineythys, po kyns ty dhe formya an tir ha'n norvys : trank heb worfenn ha bys vykken, ty yw Dyw.

3 Ty a drel den arta dhe dhoust : hag a lever, Dehwelewgh, hwi vebyon den.

4 Rag mil vlydhen y'th wolok jy yw kepar ha dydh pan yw passyes : ha kepar ha goelyas y'n nos.

5 Ty a worr diwedh dhedha avel dhe hunros : y'n myttin yth yns avel gwels ow tevi.

6 Y'n myttin ev a las ha tevi : mes y'n gorthugher ev a grin ha gwedhra.

7 Rag ni a dhe goll y'th sorr : ha ni a berth own awos dha gonnar.

8 Ty re worras agan drogoberow a-dheragos : ha'gan peghosow kudh yn golow dha fas.

9 Rag oll agan dydhyow a dremen yn-dann dha sorr : ni a dhre agan blydhynyow dhe benn kepar ha drolla yw derivys.

10 Dydhyow agan blydhynyow yw deg blydhen ha triugens; po awos krevder peswar ugens blydhen : byttegyns nyns yw aga nerth marnas lavur hag ahwer; rag hware y hedh, ha gyllys on ni dhe goll.

11 Piw a aswonn nerth dha sorr : ha'th koler, herwydh an own ahanas?

12 Yn kettella dysk dhyn nivera agan dydhyow : may trellyn agan kolonn dhe furneth.

13 Dehwel, A Arloedh, wor'tiwedh : ha bydh truedhek orth dha wesyon.

14 Lanw ni y'n myttin a'th tregeredh : may lowenhahyn ha bos heudhik oll agan dydhyow.

15 Lowenha ni herwydh an dydhyow may grevsys dhyn : ha'n blydhynyow may hwelsyn drog.

16 Bedhes dha wriansow apert dhe'th wesyon : ha'th splannder dh'aga fleghes.

17 Ha bedhes tekter an Arloedh agan Dyw warnan ni : ha fastha ober agan diwleuv warnan, fastha ober agan diwleuv.

SALM 91. *Qui habitat.*

1 Seul a dryg yn skovva an Gorughella : a bowes yn-dann woskes an Ollgalloesek.

2 My a lever dhe'n Arloedh, Ow hastell, ha'm dinas : ow Dyw a drestyav ynno.

3 Rag ev a'th selow diworth maglenn an ydhna : ha diworth an pla fell.

4 Ev a'th kudh gans y bluv, hag yn-dann y eskelli y hwilydh skovva : y wirder yw dha gostenn ha'th skoes.

5 Ny berthydh own a euthekter y'n nos : nag a'n seth a nij y'n jydh;

6 A'n pla a gerdh yn tewlder : nag a'n jevan a dhistru y'n hanter-dydh.

7 Mil dhen a goedh ryb dha skoedh, ha deg mil orth dha leuv dheghow : mes ny dheu hemma ogas dhiso.

8 Ny wredh saw mires gans dha dhewlagas : ha gweles piwas an debeles.

9 Rag an Arloedh yw dha skovva : ty re worras an Gorughella avel dha drygva.

10 Ny hwyrvydh dhis drog vydh oll : ha ny dheu pla ogas dhe'th tylda.

11 Rag ev a re gorhemmynn dh'y eledh y'th kever : may'th witthons jy yn oll dha fordhow.

12 I a'th perth y'ga diwleuv : ma na weskki dha droes erbynn men.

13 Ty a drett yn-dann dreys an lew ha'n nader : ty a stank an lew yowynk ha'n dhragon.

14 Drefenn ev dhe worra y gerensa warnav, rakhenna my a'n delirv : my a'n drehav, rag ev dhe aswonn ow Hanow.

15 Ev a elow warnav ha my a worthyp dhodho : yth esov ganso yn anken; my a'n delirv ha'y enora.

16 Bywnans hir a rov dhodho : ha diskwedhes dhodho ow selwyans.

SALM 92. *Bonum est confiteri.*

1 Da yw grassa dhe'n Arloedh : ha kana gormeula dhe'th Hanow, A Worughella;

2 Derivas dha dregeredh myttinweyth : ha'th wiryonedh nosweyth;

3 War dhaffar a dheg kordenn ha war an sowtri : war an delynn hweg hy thon.

4 Rag ty, A Arloedh, re'm heudhhas dre dha wriansow : ha my a arm gans lowender yn ober dha dhiwleuv.

5 A Arloedh, ass yw meur dha oberow : pur dhown yw dha brederow.

6 Ny woer gour anfur : ha ny gonvedh talsogh hemma.

7 Pan las an debeles avel an gwels, ha pan sewen oll an dhrogoberoryon : ena y fydhons diswrys bynari; mes ty, A Arloedh, yw an Gorughella bys vykken.

8 Rag ott, dha eskerens, A Arloedh, ott, dha eskerens a dhe goll : ha diberthys vydh oll an dhrogoberoryon.

9 Mes ty re ughelhas ow horn avel korn an ojyon goedh : untys ov vy gans oyl yr.

10 Ow lagas ynwedh a wel ow mynnas war ow eskerens : ha'm diwskovarn a glyw ow mynnas a'n debelwesyon a sev er ow fynn.

11 An den gwiryon a las avel an balmwydhenn : hag ev a dyv avel kederwydhenn yn Lebanon.

12 An re yw plensys yn chi an Arloedh : a las yn lysyow agan Dyw.

13 I a dheg frut hwath y'ga hothni : hag y fydhons yr ha gwyrdh.

14 Rag may teriffons an Arloedh dhe vos ewnhynsek : ow harrek yw ev, ha nyns eus kammhynseth ynno.

Gwesper 18

SALM 93. *Dominus regnavit.*

1 An Arloedh yw Myghtern, ev re omwiskas yn splannder : an Arloedh re omwiskas hag yma grogys a nerth a-dro dhodho.

2 An norvys devri yw fastyes : ma na yllir y dhisevel.

3 Dha se a veu fastyes bythkweyth : ty re beu, trank heb worfenn.

4 An livow re dhrehevis, A Arloedh, an livow re dhrehevis aga lev : an livow a dhrehav aga thonnow.

5 Kreffa ages dowrow meur, kreffa ages an mordonnow : yw an Arloedh, galloesek y'n ughelder.

6 Dha dhustuniow, A Arloedh, yw pur dhiogel : sansoleth a dhesedh dhe'th chi, A Arloedh, bynytha.

SALM 94. *Deus ultionum.*

1 A Arloedh, ty Dhyw a dhial : ty Dhyw a dhial, omdhiskwa.

2 Sav, ty vreusyas an norvys : tal aga gober dhe'n re woethus.

3 A Arloedh, pestermyn y hwra an debeles : pestermyn y hwra an debeles tryghi?

4 Pestermyn y klapp, ha kewsel yn hwoethus : ha bostya oll an dhrogoberoryon?

5 I a vrew dha bobel, A Arloedh : ha grevya dhe'th ertaj.

6 I a ladh an wedhwes ha'n estren : ha moldra an re omdhivas.

7 Mes i a lever, Ny wel an Arloedh : ha ny wra Dyw Yakob vri anodho.

8 Ombreder, hwi anfur yn mysk an bobel : ha hwi an re dalsogh, p'eur fydhowgh fur?

9 Neb a blansas an skovarn, a ny glyw : ha neb a formyas an lagas, a ny wel?

10 Po neb a geredh an kenedhlow, a ny gesk : neb a dhysk godhvos dhe vab-den, a ny woer?

11 An Arloedh a woer prederow den : aga bos euveredh.

12 Gwynnvys an gour a geredhydh, A Arloedh : ha dyski dhodho yn-mes a'th lagha;

13 Rag may rylli dhodho powesva diworth dydhyow anken : erna vo an pytt pelys rag an tebelwas.

14 Drefenn na as an Arloedh y bobel : ha ny dewl y ertaj dhe-ves.

15 Rag gwirvreus a dhehwel dhe wiryonedh : hag oll an re ewnhynsek aga holonn a hol war hy lergh.

16 Piw a omdhrehav ragov erbynn an debelwesyon : piw a sev ragov erbynn an dhrogoberoryon?

17 Na ve an Arloedh ow gweres : nammna drygsa ow enev yn taw.

18 Pan leveris vy, Ow throes a drebuch : dha dregeredh, A Arloedh, a'm skoedhyas.

19 Yn prederow pals a-berth ynnov : dha hebaska a lowenha ow enev.

20 Eus kowethyans genes orth se sherewneth : an re a wra dregynn erbynn an lagha?

21 I a omguntell warbarth erbynn enev an den gwiryon : ha ri drogvreus erbynn an goes glan.

22 Mes an Arloedh yw ow dinas : ha'm Dyw yw karrek ow skovva.

23 Ev a attal dhedha aga sherewneth aga honan, ha'ga hisya y'ga drog aga honan : devri, an Arloedh agan Dyw a wra aga hisya.

Myttin 19

SALM 95. *Venite, exultemus.*

1 Dewgh, gwren ni kana dhe'n Arloedh : gwren ni tros heudhik dhe garrek agan selwyans.

2 Deun ni a-dheragdho gans gras : ha gul tros heudhik dhodho gans salmow.

3 Rag an Arloedh yw Dyw meur : ha Myghtern meur dres oll dywow.

4 Yn y dhorn yma pub sorn a'n norvys : hag yma pennow an menydhyow dhodho.

5 Ev a biw an mor, hag ev a'n gwrug : ha'y dhiwleuv a formyas an tir sygh.

6 Deun, gordhyen hag omblegya : gwren ni mos war benn dewlin a-rag an Arloedh agan Gwrier.

7 Rag ev yw agan Dyw : hag yth on ni pobel y beurva, ha deves y leuv.

8 A mynnewgh hedhyw klywes y lev! Na galeshewgh agas kolonn : kepar dell wrussowgh yn Meriba, hag yn jydh Massa y'n difeyth;

9 Pan y'm temptyas agas tasow : ha'm previ, kyn hwelsens ow oberow.

10 Dewgens blydhen my a gasas an henedh na : ha my a leveris, Hemm yw pobel a gammwra y'ga holonn, ha ny aswonnons ow fordhow;

11 Rakhenna my a dos y'm sorr : na wrellens mos a-berth y'm powesva.

SALM 96. *Cantate Domino.*

1 Kenewgh dhe'n Arloedh kan nowydh : kenewgh dhe'n Arloedh, oll an norvys.

2 Kenewgh dhe'n Arloedh, bennigewgh y Hanow : diskwedhewgh y selwyans a dhydh dhe dhydh.

3 Derivewgh y wolowder yn mysk an kenedhlow : y varthusyon yn mysk oll an poblow.

4 Rag meur yw an Arloedh, ha pur wiw yw y wormeuli : res yw y owna a-ugh oll dywow.

5 Rag oll dywow an kenedhlow yw koegyon : mes an Arloedh a wrug an nevow.

6 Yma enor ha meuredh a-dheragdho : yma nerth ha tekter yn y sentri.

7 Rewgh dhe'n Arloedh, hwi deyluyow a'n poblow : rewgh dhe'n Arloedh gordhyans ha nerth.

8 Rewgh dhe'n Arloedh an gordhyans a dhegoedh dh'y Hanow : drewgh offrynn, ha dewgh yn y lysyow.

9 Gordhyewgh an Arloedh yn tekter sansoleth : kren a-dheragdho, oll an norvys.

10 Leverewgh yn mysk an kenedhlow, Yma an Arloedh ow reynya : an nor devri yw fastyes, heb krena; ev a vreus an poblow gans ewnder.

11 Lowenhes an nevow, ha bedhes an norvys heudhik : tarenes an mor, ha myns eus ynno.

12 Bedhes an gwel fest heudhik ha myns eus ynno : ena y lowenha oll gwydh an koes a-dherag an Arloedh.

13 Rag ev a dheu, ev a dheu dhe vreusi an norvys : ev a vreus an norvys gans gwiryonedh, ha'n poblow gans y wirder.

SALM 97. *Dominus regnavit.*

1 An Arloedh yw Myghtern, lowenhes an nor : bedhes heudhik ynysow pals.

2 Yma kommol ha tewlder a-dro dhodho : gwiryonedh ha gwirvreus yw sel y se.

3 Tan a gerdh a-dheragdho : ha leski y eskerens a-derdro.

4 Y lughes a wolowas an norvys : an nor a'n gwelas, ha krena.

5 An menydhyow a deudhas avel koer a-dherag an Arloedh : a-dherag Arloedh oll an nor.

6 An nevow a dheriv y wiryonedh : hag oll an poblow re welas y wolowder.

7 Perthes meth oll an re a serv imajys gravyes, hag a vost yn dywow fals : gordhyewgh ev, an dhywow oll.

8 Sion a glywas hag a lowenhas : ha heudhik o myrghes Yuda, drefenn dha vreusow, A Arloedh.

9 Rag ty, A Arloedh, yw goruchel a-ugh oll an nor : ty yw ughelhes yn feur a-ugh an dhywow oll.

10 Hwi neb a gar an Arloedh, kesewgh drog : ev a with enevow y sens; ev a's delirv diworth dorn an debeles.

11 Golow a dardh rag an re wiryon : ha lowena rag an re ewnhynsek aga holonn.

12 Lowenhewgh y'n Arloedh, hwi an re wiryon : ha gressewgh dhodho ow kovhe y sansoleth.

SALM 98. *Cantate Domino.*

1 Kenewgh dhe'n Arloedh kan nowydh : rag ev re wrug marthusyon.

2 Y leuv dheghow ha'y vregh sans : re wrug budhogoleth ragdho.

3 An Arloedh re dherivis y selwyans : ev re dhiskwedhas y wiryonedh yn golok an kenedhlow.

4 Ev re borthas kov a'y dregeredh ha'y wiryonedh orth chi Ysrael : oll pennow an norvys re welas selwyans agan Dyw.

5 Gwra tros heudhik dhe'n Arloedh, oll an nor : kenewgh, ha germewgh yn lowen, ha kenewgh gormeula.

6 Kenewgh gormeula dhe'n Arloedh gans an delynn : gans an delynn ha lev salm.

7 Gans tollgorn ha son trompa, gwrewgh tros heudhik a-rag an Myghtern, an Arloedh.

8 Tarenes an mor ha myns eus ynno : an norvys ha'n re usi trygys ynno.

9 Takyes an livow diwleuv, garmes an menydhyow warbarth yn lowen a-dherag an Arloedh : rag ev a dheu dhe vreusi an norvys.

10 Ev a vreus an norvys gans gwiryonedh : ha'n poblow gans ewnder.

SALM 99. *Dominus regnavit.*

1 An Arloedh yw Myghtern; krenes an poblow : ev a esedh war an cherubyns; krysyes an nor.

2 Meur yw an Arloedh yn Sion : hag ughel a-ugh oll an poblow.

3 Gormeulens i dha Hanow meur hag euthek : rag sans yw.

4 An Galloesek yw Myghtern hag a gar gwirvreus; ty re fastyas ewnder : ty re wrug breus ha gwiryonedh yn Yakob.

5 Ughelhewgh an Arloedh agan Dyw : hag omblegyewgh a-dherag y skavell-droes, rag sans yw ev.

6 Moyses hag Aron yn mysk y oferysi, ha Samuel yn mysk an re a elow war y Hanow : i a elwis war an Arloedh hag ev a worthybis dhedha.

7 Ev a gewsis orta y'n goloven a gommol : i a synsis y dhustuniow hag an gorhemmynn a ros dhedha.

8 Ty a worthybis dhedha, A Arloedh agan Dyw : ty yw Dyw dhedha, parys dhe ava, hwath ow tiala aga drogoberow.

9 Ughelhewgh an Arloedh agan Dyw, ha gordhyewgh ev war y venydh sans : rag sans yw an Arloedh agan Dyw.

SALM 100. *Jubilate Deo.*

1 Gwrewgh tros heudhik dhe'n Arloedh, oll an nor : servyewgh an Arloedh gans lowena; dewgh a-dheragdho gans kan.

2 Godhvydhewgh an Arloedh dhe vos Dyw : ev yw neb re'gan formyas, hag ev a'gan piw; yth on ni y bobel, ha deves y beurva.

3 Ewgh yn y borthow gans gras, hag yn y lysyow gans gormeula : godhvydhewgh gras dhodho, ha bennigewgh y Hanow.

4 Rag da yw an Arloedh, y dregeredh a dhur bys vykken : ha'y wiryonedh a dhur a unn henedh dhe'n nessa.

SALM 101. *Misericordiam et judicium.*

1 My a gan a dregeredh ha breus : dhiso, A Arloedh, y kanav gormeula.

2 My a omdheg yn fur yn fordh dhivlam : p'eur fydhydh ow tos dhymm?

3 My a gerdh gans kolonn lan : a-bervedh y'm chi.

4 Ny worrav travydh anwiw a-dherag ow dewlagas; my a gas ober an re a gildenn : ny len orthiv.

5 Kolonn dreus a dhiberth diworthiv : ny vynnav aswonn tebelwas.

6 Neb a gabel y gentrevek yn pryva a wrav vy dhe dhistrui : neb yw ughel y dhewlagas ha goethus y golonn ny wrav vy y wodhevel.

7 Ow dewlagas a vydh war an re yw len y'n tir, may trykkons genev : neb a gerdh yn fordh dhivlam a vydh ow servyas.

8 Ny dryg y'm chi neb a wra falsuri : ny sev y'm golok neb a lever gowyow.

9 Pub myttin y kisyav oll tebelwesyon an tir : ha terri dheves oll an dhrogoberoryon mes a sita an Arloedh.

Myttin 20

SALM 102. *Domine, exaudi.*

1 A Arloedh, klyw ow fysadow : ha re dheffo ow kri dhiso jy.

2 Na gudh dha fas ragov yn jydh ow anken : pleg dha skovarn dhymm; y'n jydh may halwav, fisten dhe worthybi dhymm.

3 Rag ow dydhyow a dremen avel mog : ha'm eskern yw leskys avel etew.

4 Gwyskys yw ow holonn ha gwedhrys avel gwels : mayth ankovav dybri ow bara.

5 Drefenn lev ow hynvann : ow eskern re lenas orth ow hig.

6 My yw haval orth pelikan y'n gwylvos : my yw avel oula y'n difeyth.

7 My re woelyas hag avel golvan yth ov vy : y honan war benn an chi.

8 Ow eskerens a'm skorn dres an jydh : an re yw konneryek er ow fynn a'm molleth.

9 Rag my re dhybris lusow avel bara : ha kemmyska ow diwes gans oelva;

10 Drefenn dha sorr ha'th koler : rag ty re'm drehevis ha'm tewel dhe-ves.

11 Ow dydhyow a leha kepar ha skeus : ha kepar ha gwels y hwedhrav.

12 Mes ty, A Arloedh, a dhur bys vykken : ha'th kovadh a unn henedh dhe'n nessa.

13 Ty a sev ha kemmeres truedh a Sion : rag prys yw bos grassyes orti, an prys apoyntys re dheuth.

14 Rag dha servysi a gemmer plesour yn hy meyn : hag a gemmer truedh a'y doust.

15 Ytho an kenedhlow a berth own a Hanow an Arloedh : hag oll myghternedh an nor a'th wolowder;

16 Pan dhrehav an Arloedh Sion : y hwelir ev yn y wolowder.

17 Ev a wra vri a bysadow an boghosek : ha ny dhispres aga fysadow.

18 Hemma a vydh skrifys rag an henedh a dheu : ha pobel a vydh formys a wormel an Arloedh.

19 Rag ev re viras yn-nans diworth ughelder y sentri : diworth nev y hwelas an Arloedh an nor;

20 Dhe glywes kynvann an prysner : dhe dhelivra an re dampnyes dhe vernans;

21 Dhe dherivas Hanow an Arloedh yn Sion : ha'y wormeula yn Yerusalem,

22 Pan yw an poblow omguntellys warbarth : ha'n gwlaskordhow, dhe servya an Arloedh.

23 Ev a wannhas ow nerth war an hyns : ev a verrhas ow dydhyow.

24 My a leveris, Ow Dyw, na dhog vy yn-mes yn mysk ow dydhyow : dha vlydhynyow a dhur a unn henedh dhe'n nessa.

25 Wostalleth y selsys an nor : ha'n nevow yw ober dha dhiwleuv.

26 I a dhe goll, mes ty a sev : i a gothha avel kweth, avel dillas ty a's trel hag i a dremen.

27 Mes ty yw an keth, ha ny fyll dha vlydhynyow.

28 Fleghes dha servysi a dhur : ha'ga has a vydh fastyes y'th wolok.

SALM 103. *Benedic, anima mea.*

1 Bennik an Arloedh, ow enev : ha puptra usi ynnov, bennik y Hanow sans.

2 Bennik an Arloedh, ow enev : ha na ankov oll y dhader;

3 Neb a av dhis oll dha dhrogobereth : neb a yaghha oll dha glevesow;

4 Neb a dhaspren dha vywnans diworth an pytt : orth dha guruna gans tregeredh ha truedh;

5 Neb a'th lenow a dhader hedra vi byw : mayth yw nowydhys dha yowynkneth kepar ha'n er.

6 An Arloedh a wra gwiryonedh : ha gwirvreus dhe seul yw kompressys.

7 Ev a dherivis y fordhow dhe Voyses : ha'y wriansow dhe vebyon Ysrael.

8 An Arloedh yw truedhek ha grassyes : lent ow serri ha meur y dregeredh.

9 Ny vydh ev prest ow keredhi : ha ny syns ev y sorr bynytha.

10 Ny wrug ev dhyn war-lergh agan peghosow : nag attyli dhyn war-lergh agan drogoberow.

11 Rag mar ughel dell usi an ebrenn a-ugh an nor : mar vras yw y dregeredh orth an re a berth own anodho.

12 Mar bell dell usi an howldrevel diworth an worlewin : mar bell re worras ev agan kammwriansow diworthyn ni.

13 Avel tas a gemmer truedh a'y fleghes : yndellma an Arloedh a gemmer truedh a'n re a berth own anodho.

14 Rag ev a aswonn agan devnydh : yma kov dhodho agan bos doust.

15 Dydhyow mab-den yw avel gwels : avel bleujenn an gwel, yndella y fleujyow ev.

16 Rag an gwyns a dremen dresti, ha gyllys yw : ha ny aswonnir hy le bydh moy.

17 Mes tregeredh an Arloedh a dhur bys vykken ha bynari war an re a berth own anodho : ha'y wiryonedh dhe fleghes aga fleghes;

18 Dhe seul a syns y gevambos : hag a berth kov a'y arghadowyow, orth aga hollenwel.

19 An Arloedh re fastyas y se y'n nevow : ha'y wlaskor a wra maystri war buptra.

20 Bennigewgh an Arloedh, hwi eledh ev, hwi alloesogyon a wra herwydh y er ev : seul a woslow orth y lev pan gews ev.

21 Bennigewgh an Arloedh, oll y luyow : y venystrys neb a wra y vodh.

22 Bennigewgh an Arloedh, oll y oberow, yn pub tyller a'y vaystry : ow enev, bennik an Arloedh.

Gwesper 20

SALM 104. *Benedic, anima mea.*

1 Bennik an Arloedh, ow enev : A Arloedh ow Dyw, pur veur osta; gwiskys osta gans enor ha splannder.

2 Ty a omwisk gans golow kepar ha gans kweth : ha ty a dhisplet an nevow avel kroglenn.

3 Neb a worr kebrow y stevellow y'n dowrow : hag a wra an kommol y jaret, hag a gerdh war eskelli an gwyns;

4 Ev a wra y eledh spyrysyon : ha'y venystrys tan ow flammya.

5 Ev a fondyas selyow an nor : ma na vens i disevys nevra.

6 Ty a'n kwethas gans an downvor kepar ha gans gwisk : an dowrow a sevis a-ugh an menydhyow.

7 Orth dha geredh i a fias dhe'n fo : orth lev dha daran i a fyskas dhe-ves.

8 I a yskynnas dhe'n menydhyow, i a dhiyskynnas dhe'n nansow : dhe'n tyller a dharbarsys ragdha.

9 Ty re worras or na yllons treusi : na trelya arta dhe gudha an nor.

10 Ev a dhyllo fentynyow y'n nansow : resek a wrons yn mysk an menydhyow.

11 I a re dowr dhe bub best a'n gwel : an asynes gwyls a derr aga syghes.

12 Rybdha y tryg ydhyn an nevow : ha kana yn mysk an skorrennow.

13 Ev a dhowrha an menydhyow diworth y stevellow : an nor yw lenwys a frut dha oberow.

14 Ev a wra dhe'n gwels tevi rag an gwarthek : ha losow rag gonisogeth den;

15 May tokko boes yn-mes a'n nor, ha gwin a heudhha kolonn den : hag olew dhe wul dh'y fas dewynnya, ha bara a grevha kolonn den.

16 Gwydh an Arloedh yw leun a sugen : kederwydh Lebanon a blansas ev;

17 May hwra an ydhyn aga neythow ynna : an sybwydh yw chi an hwibon.

18 An menydhyow ughel yw skovva rag an gever gwyls : ha'n meynegi ynwedh rag an konines.

129

19 Ev a ordenas an loer rag prysyow settys : ha'n howl a aswonn termyn y sedhes.

20 Ty a wra tewlder, ha hi a vydh nos : may slynk a-derdro oll bestes an koes.

21 An lewyon yowynk a vedhygel war-lergh aga freydh : hag a hwila aga boes diworth Dyw.

22 Pan dhrehav an howl, i a omguntell warbarth : ha growedha y'ga fowys.

23 Den a yn-mes dh'y ober, ha dh'y lavur : bys dhe'n gorthugher.

24 A Arloedh, ass yw lower dha wriansow : yn furneth ty a wrug oll anedha; an nor yw leun a'th kreaturs.

25 Ottena an keynvor meur hag efan : may ma kreaturs eus ow slynkya diniver, taklow byw byghan ha bras.

26 Ena yth a an gorholyon, hag ena yma Lawethan : a formsys dhe gemmeres plesour ynno.

27 Oll an re ma a'th worta : may rylli dhedha aga boes y'n prys gwiw.

28 Ty a'n re dhedha hag i a'n kuntell : ty a iger dha leuv, ha lenwys yns i a dhader.

29 Pan gudhydh dha fas, amayys yns i : pan gemmerydh aga anall i a verow, ha trelya arta dh'aga doust.

30 Ty a dhyllo dha anall ha formys yns i : ha ty a nowyththa enep an nor.

31 Golowder an Arloedh a dhur bys vykken : an Arloedh a lowenha yn y wriansow.

32 Ev a vir orth an nor ha'n nor a gren : ev a dav an menydhyow hag i a veg.

33 My a gan dhe'n Arloedh hedra vywiv : my a wormel ow Dyw ha my hwath yn fyw.

34 Bedhes ow freder plegadow dhodho : my a lowenha y'n Arloedh.

35 Gas peghadoryon dhe vos kisys yn-mes a'n nor, ha na as dhe'n debeles pesya namoy : bennik an Arloedh, ow enev; gormeulewgh an Arloedh.

Myttin 21
SALM 105. *Confitemini Domino.*

1 Gressewgh dhe'n Arloedh, gelwewgh war y Hanow : derivewgh y wriansow yn mysk an poblow.

2 Kenewgh dhodho, kenewgh gormeula dhodho : kewsewgh a'y varthusyon oll.

3 Bostyewgh yn y Hanow sans : lowenhes kolonn an re a hwila an Arloedh.

4 Hwilewgh an Arloedh ha'y nerth : hwilewgh y fas pupprys.

5 Perthewgh kov a'y varthusyon re wrug ev : y verklys, ha breusow y Hanow,

6 A has Abram y servyas : hwi fleghes Yakob a dhewisas.

7 Ev yw an Arloedh agan Dyw : yma y vreusow yn oll an nor.

8 Ev a borthas kov a'y gevambos bynytha : an ambos a worhemmynnis dhe vil henedh;

9 An kevambos a wrug ev gans Abram : ha'n ti a dos ev dhe Ysak;

10 Hag a ordenas dhe Yakob avel lagha : ha dhe Ysrael avel kevambos bynytha;

11 Ow leverel, Dhiso jy y rov tir Kanan : kevrenn dha ertaj jy;

12 Pan ens i hwath boghes aga niver : pur voghes, hag estrenyon y'n tir;

13 Pan ethons i a unn genedhel dhe genedhel arall : a unn wlaskor dhe bobel arall;

14 Ny asas ev denvydh dhe wul kamm dhedha : yn tevri ev a geredhas myghternedh a'ga govis;

15 Na devewgh an re anoyntys genev : ha na bystigewgh ow frofoesi.

16 Hag ev a dhervynnas esow war an tir : ha terri pub lorgh a vara.

17 Ev a dhellos gour a-dheragdha : Yosef, neb a veu gwerthys yn kethwas;

18 Y dreys a bystigsons yn kargharow : y enev eth yn horn.

19 Bys dhe'n prys may teuth y er : lavar an Arloedh a'n provas.

20 An myghtern a dhannvonas ha'y dhigelmi : pennsevik an poblow a'n delivras dhe wari.

21 Ev a'n gwrug arloedh y ji : ha rewler war oll y byth ev;

22 Dhe gelmi y bennsevigyon herwydh y vodh : ha dhe dhyski furneth dh'y dus hen.

23 Ytho Ysrael a dheuth yn Ejyp : ha Yakob a drygas yn tir Ham.

24 Hag ev a ynkressyas y bobel yn feur : ha'ga gul kreffa es aga eskerens.

25 Ev a drelyas aga holonn may kassens y bobel : ha dyghtya y wesyon yn fals.

26 Ev a dhannvonas Moyses y servyas : hag Aron neb re dhewissa ev.

27 I a dhiskwedhas y arwoedhyow y'ga mysk : ha marthusyon yn tir Ham.

28 Ev a dhannvonas tewlder hag y tewlhas : hag i a sevis hwath erbynn y eryow.

29 Ev a drelyas aga dowrow yn goes : hag a ladhas aga fuskes.

30 Aga thir a veu lenwys a gwilkynyow : hwath yn stevellow aga myghternedh.

31 Ev a gewsis, hag y teuth hesow a gelyon : ha gwibes yn oll aga oryon.

32 Ev a ros dhedha keser rag glaw : ha tan ow flammya y'ga thir.

33 Hag ev a weskis aga gwinbrennyer ha'ga figbrennyer : ha terri an gwydh esa y'ga oryon.

34 Ev a gewsis, hag y teuth an kulyogyon-reden askellek, ha pryves del diniver : hag i a dhybris oll an losow y'ga thir, ha lenki frut aga dor.

35 Hag ev a weskis oll an re gynsa-genys y'ga thir : an flour a oll aga nerth.

36 Hag ev a's hembronkas yn-mes gans owr hag arghans : ha heb unn den difreth y'ga loethow.

37 Ejyp a lowenhas pan ethons dhe-ves : rag own anedha a goedhsa warnedha.

38 Ev a lesas kommolenn yn kudhans : ha tan dhe ri golow nosweyth.

39 I a dhervynnas, hag ev a dhros rynki : hag a's lenwis a vara nev.

40 Ev a igoras an garrek, ha'n dowrow a dhewragas : avonyow a resas y'n syghleow.

41 Rag ev a borthas kov a'y ambos sans : hag a Abram y servyas.

42 Hag ev a dhros y bobel yn-mes gans lowena : an re dhewisys gans garmow a lowender;

43 Hag ev a ros dhedha tiryow an kenedhlow : hag i a dhalghennas lavur an poblow;

44 Rag may synssens y ordenansow : ha gwitha y laghys.

Gwesper 21
SALM 106. *Confitemini Domino.*

1 Gressewgh dhe'n Arloedh, rag ev yw da : ha'y dregeredh a dhur bys vykken.

2 Piw a yll leverel gwriansow nerthek an Arloedh : po diskwedhes oll y wormeula?

3 Gwynnvys an re a syns gwirvreus : hag a wra gwiryonedh pup-prys.

4 Porth kov ahanav, A Arloedh, herwydh dha ras orth dha bobel : deus dhymm gans dha selwyans;

5 Rag may hwelliv sewenyans an re dewisys genes : ha lowenhe yn heudhter dha genedhel, ha bostya gans dha ertaj.

6 Ni re beghas gans agan tasow : ni re wrug drogobereth ha sherewneth.

7 Ny gonvedhas agan tasow dha varthusyon yn Ejyp, na perthi kov a'th tregeredh meur : mes i a wustlas ryb an mor, ryb an Mor Rudh.

8 Byttegyns ev a's selwis a-barth y Hanow : rag may hwrella dh'y wriansow nerthek bos aswonnys.

9 Hag ev a geredhas an Mor Rudh, ha desyghys veu : ytho ev a's hembronkas der an downderyow kepar ha der an difeyth.

10 Hag ev a's selwis a leuv an re a's kasas : ha'ga dasprena diworth leuv an eskar.

11 An dowrow eth dres aga eskerens : nyns o nagonan anedha gesys.

12 Ena i a gryssons dh'y eryow ev : ha kana y wormeula.

13 Hware yth ankovsons y wriansow : ha ny wortsons y gusul.

14 Mes drog-hwans krev a dheuth warnedha y'n difeyth : hag i a brovas Dyw y'n gwylvos.

15 Hag ev a wrontyas dhedha aga govynnadow : mes dannvon kleves fell y'ga enev.

16 Hag i a borthas envi a Voyses yn mysk an tyldys : hag a Aron, sans an Arloedh.

17 An dor a igoras ha kollenki Dathan : ha kudha kuntelles Abiram.

18 Ha tan a dardhas y'ga huntelles : an flamm a loskas an debelwesyon.

19 I a wrug leugh yn Horeb : ha gordhya an imaj teudh.

20 Ytho i a drelyas aga gordhyans : dhe hevelep lo'n ow tybri gwels.

21 I a ankovas Dyw aga Selwyas : neb re wrug gwriansow meur yn Ejyp;

22 Gwriansow marthys yn tir Ham : ha gwriansow euthek ryb an Mor Rudh.

23 Rakhenna ev a leveris y hwrussa aga diswul : na saffa Moyses y dhewisys a-dheragdho y'n aswy : rag trelya y sorr dhe-ves ma na's diswrello.

24 Ena i a skornyas an tir teg : ha ny gryssons dh'y er ev;

25 Mes i a grodhvolas y'ga thyldys : ha ny woslowsons orth lev an Arloedh.

26 Ytho ev a dhrehevis y leuv er aga fynn : dh'aga domhwel y'n difeyth;

27 Dhe wul dh'aga has koedha yn mysk an kenedhlow : ha dh'aga heskar y'n broyow.

28 Hag i a lenas orth Baal-peor : ha dybri offrynnow an re varow.

29 Yndella i a'n sorras der aga gwriansow : ha'n pla a dardhas y'ga mysk.

30 Ena Finehas a sevis ha breusi : ha'n pla a hedhis.

31 Hag y feu henna reknys dhodho yn gwiryonedh : a unn henedh dhe'n nessa bys vykken ha bynari.

32 I a'n sorras ynwedh ryb dowrow Meriba : may porthas Moyses dregynn a-barth dhedha;

33 Rag i a sevis erbynn y spyrys : may kewsis yn tibreder gans y dhiwweus.

34 Ny dhiswrussons an kenedhlow : kepar dell worhemmynnis an Arloedh dhedha;

35 Mes i a veu kemmyskys gans an kenedhlow : ha dyski aga gwriansow.

36 Hag i a servyas aga dywow fals, o antell dhedha : i a offrynnas aga mebyon ha'ga myrgh dhe'n dhywolow;

37 Ha skoellya goes gwiryon, goes aga mebyon ha'ga myrgh : neb a offrynnsons dhe dhywow Kanan; ha'n tir a veu defolys gans goes.

38 Yndella i a veu mostys y'ga gwriansow aga honan : i a omdhug avel horys y'ga drogoberow.

39 Rakhenna sorr an Arloedh o enowys erbynn y bobel : hag ev a skonyas y ertaj y honan.

40 Hag ev a's ros yn leuv an kenedhlow : ha'n re a's kasas a wrug maystri warnedha.

41 Ha'ga eskerens a's gwaskas : hag i a veu fethys yn-dann aga diwleuv.

42 Lieskweyth ev a's delivras : mes i a wustlas erbynn y gusul, hag a veu dres isel y'ga drogoberth.

43 Byttegyns ev a welas aga anken : pan woslowas ev orth aga garm.

44 Hag ev a borthas kov a'y gevambos a'ga govis i, hag edrek a'n jeva herwydh y dregeredh meur : hag ev a wrug

dhedha kavoes truedh diworth oll an re a's kemmeras yn kethneth.

45 Salw ni, A Arloedh agan Dyw, ha kuntell ni yn-mes a'n kenedhlow : may hwodhven gras dhe'th Hanow sans, ha bostya y'th wormeula.

46 Bennigys re bo an Arloedh, Dyw Ysrael, trank heb worfenn ha bys vykken ha bynari : ha leveres oll an bobel, Amen.

Myttin 22

SALM 107. *Confitemini Domino.*

1 Gressewgh dhe'n Arloedh, rag ev yw da : rag y dregeredh a dhur bys vykken.

2 Leveres yn kettellma an re dasprenys gans an Arloedh : a wrug ev dhe dhasprena diworth dorn an eskar;

3 Ha'n re a guntellas ev mes a'n powyow, diworth an howldrevel ha diworth an worlewin : diworth an kledh ha diworth an deghow.

4 I a wandras y'n difeyth hag yn fordh an gwylvos : ny gavsons sita may trykkens ynni.

5 Nown a's teva ha syghes : aga enev a glamderas ynna.

6 Ena i a elwis war an Arloedh y'ga foenvos : hag ev a's delivras diworth aga govijyon.

7 Hag ev a's hembronkas war an fordh ewn : mayth ellens dhe sita dhe dryga ynni.

8 A krassens i dhe'n Arloedh y dregeredh : ha'y varthusyon rag mebyon den!

9 Rag ev a re lowr dhe'n enev hirethek : hag ev a lenow a dhader an enev nownek.

10 Seul a esedh yn tewolgow hag yn skeus ankow : kelmys yn anken ha horn;

11 Drefenn i dhe sevel erbynn lavarow Dyw : ha dispresya kusul an Gorughella;

12 Ev a iselhas aga holonn gans lavur : i a drebuchyas, ha nyns esa denvydh a's gweressa.

13 Ena i a elwis war an Arloedh y'ga foenvos : hag ev a's delivras diworth aga govijyon.

14 Ev a's dros yn-mes a dewolgow ha skeus ankow : hag a dorras aga holmow dhe demmyn.

15 A krassens i dhe'n Arloedh y dregeredh : ha'y varthusyon rag mebyon den!

16 Rag ev re dorras an porthow a vrest : ha treghi an barrys a horn.

17 Re anedha o klav awos aga hammweyth : hag awos aga drogobereth yth ens i pystigys.

18 Aga enev a dhivlasas boes a bub eghenn : hag i a nesas dhe borthow mernans.

19 Ena i a elwis war an Arloedh y'ga foenvos : hag ev a's delivras diworth aga govijyon.

20 Ev a dhannvonas y er ha'ga sawya : ha'ga delivra diworth terros.

21 A krassens i dhe'n Arloedh y dregeredh : ha'y varthusyon rag mebyon den!

22 Ha gwrens i offrynna offrynnow gras : ha derivas y wriansow gans kanow lowena.

23 Kemmys a yn-nans dhe'n mor yn gorholyon : ow kul aga negysyow yn dowrow meur;

24 An re ma re welas gwriansow an Arloedh : ha'y varthusyon y'n downder.

25 Ev a gewsis, ha drehevel an hager awel : hag a sevis tonnow an mor.

26 I a yskynnas dhe'n nevow, ha diyskynna dhe'n downderyow : aga enev a deudhas awos poenvotter.

27 I a droyllyas ha trebuchya kepar ha den medhow : hag oll aga skians a fyllis.

28 Ena i a elwis war an Arloedh y'ga foenvos : hag ev a's delivras diworth aga govijyon.

29 Ev a wra an hager awel kalmynsi : mayth yw tonnow an mor spavenhes.

30 Ena yth ens i heudhik rag aga bos kosel : hag ev a's dros bys y'n porth may fynnsons bos.

31 A krassens i dhe'n Arloedh y dregeredh : ha'y varthusyon rag mebyon den!

32 Ha gwrens i y ughelhe yn kuntelles an bobel : ha'y wormeuli yn gorsedh an dus hen.

33 Ev a wra dhe avonyow bos difeyth : ha dhe fentynyow dowr bos tir sygh.

34 Ev a wra dhe dir leun a frut bos difeythtir : awos sherewneth an re usi trygys ynno.

35 Ev a drel an difeyth dhe lynn a dhowr : ha tir sygh dhe fentynyow dowr.

36 Hag ena y hwra ev dhe'n re nownek tryga : may tarbarrons sita dhe dryga ynni;

37 Ha gonis has yn gwelyow, ha plansa gwinlannow : hag a re frut ha trevas.

38 Hag ev a's bennik, mayth ynkressyons yn fras : ha ny as aga gwarthek dhe lehe.

39 Mes pan yns i lehes ha plegys y'n dor : dre gompressans, anken ha galar;

40 Ev a dhinwa despit war bennsevigyon : ha gul dhedha gwandra yn difeyth heb fordh.

41 Mes ev a dhrehav an den boghosek mes a anken : hag a wra teyluyow ragdho avel flokk.

42 An re ewnhynsek a wel henna, ha lowenhe : ha pub sherewneth a dhege y anow.

43 Piwpynag a vo fur, avisyes a'n taklow ma : ha prederens i a dregeredh an Arloedh.

Gwesper 22

SALM 108. *Paratum cor meum.*

1 Fast yw ow holonn, A Dhyw, fast yw ow holonn : my a gan hag a wormel y'm gordhyans.

2 Difun, ty delynn, ha'n sowtri : my a vynn difuna diworth an jydh.

3 My a'th wormel, A Arloedh, yn mysk an poblow : ha kana gormeula dhis yn mysk an kenedhlow.

4 Rag dha dregeredh yw meur a-ugh an nevow : ha'th wiryonedh a dhrehedh dhe'n kommol.

5 Bydh ughelhes, A Dhyw, a-ugh an nevow : ha bedhes dha wolowder dres oll an norvys.

6 Rag may fo dha garadowyon delivrys : gwra agan selwel dre dha leuv dheghow, ha klyw vy.

7 Dyw re gewsis yn y sansoleth : My a lowenha, ha ranna Shekem, ha musura nans Sukkoth.

8 Gilead yw dhymm, ha Manasse yw dhymm : Efraym ynwedh yw nerth ow fenn.

9 Yuda yw ow gwelenn, Moab yw ow seth-golghi : dres Edom y teghesav ow eskis, war Filisti my a arm yn trygh.

10 Piw a'm dre a-berth y'n dinas nerthek : ha piw a'm hembronk bys yn Edom?

11 A ny'gan forseksys, A Dhyw : a nyns edh yn-mes gans agan luyow?

12 Ro dhyn gweres erbynn an eskar : rag euver yw gweres den.

13 Dre Dhyw y hwren ni obereth meur : ev yw neb a stank agan eskerens.

SALM 109. *Deus laudem.*

1 Na daw, A Dhyw ow gologhas : rag ganow an tebelwas ha'n ganow a falsuri yw igor er ow fynn.

2 I re gewsis er ow fynn gans taves fals : i a omsettyas a-dro dhymm ynwedh gans geryow kas, hag omladh er ow fynn heb ken.

3 Yn attal a'm kerensa i a sev er ow fynn : mes my a omre dhe bysadow.

4 I re dylis dhymm dregynn rag da : ha kas rag kerensa.

5 Gorr sherewa dhe vos router warnodho : ha seves kuhudhor orth y leuv dheghow.

6 Pan y'n breusir, bedhes ev keblys : ha bedhes y bysadow trelys dhe begh.

7 Bedhes y dhydhyow boghes : ha kemmeres ken onan y soedh.

8 Bedhes y fleghes omdhivasow : ha'y wreg gwedhwes.

9 Bedhes y fleghes gwandrysi ha begyers : hwilens i alusen ynwedh pell diworth aga annedhow shyndys.

10 Dalghennes an okerer puptra usi ganso : ha pylles estrenyon y ober.

11 Na vedhes neb a ystynno tregeredh dhodho : ha na vedhes neb a gemmerro truedh a'y fleghes omdhivas.

12 Bedhes y linyeth diwreydhys : ha bedhes y hanow defendys dhe-ves y'n henedh a syw.

13 Bedhes kovadh sherewneth y dasow a-dherag an Arloedh : ha na vedhes pegh y vamm defendys dhe-ves.

14 Bedhens i prest a-dherag an Arloedh : rag may torro dhe-ves aga hovadh diworth an norvys;

15 Drefenn na borthas kov a wul tregeredh : mes ev a helghyas an truan ha'n boghosek, rag may lattha an re trogh aga holonn.

16 Ev a garas molleth, ha hi a dheu dhodho : ny vynnas bennath, ha hi yw pell diworto.

17 Ev a omwiskas gans molleth kepar ha gans kweth : sygeres hi yn y golodhyon avel dowr, hag avel oyl yn y eskern.

18 Bedhes hi kepar ha'n gwisk mayth omwisk ynno : ha kepar ha'n grogys a wisk a-dro dhodho pup-prys.

19 Hemm yw gober ow huhudhoryon diworth an Arloedh : ha'n re a gews erbynn ow enev.

20 Mes gwra dhymm, A Arloedh, herwydh dha Hanow : drefenn bos dha dregeredh da, gwra ow delivra.

21 Rag truan ha boghosek ov vy : ha'm kolonn yw goliys a-berth ynnov.

22 Yth av dhe-ves avel skeus pan hirha : y'm skubir dhe-ves avel an kulyek-reden askellek.

23 Ow dewlin a wannha gans penys : ha'm kig a fyll a fowt blonek.

24 My a dheuth ha bos skorn dhedha : pan y'm gwelsons, i a shakyas aga fenn.

25 Gweres dhymm, A Arloedh ow Dyw : salw vy herwydh dha dregeredh;

26 May hwodhvons bos hemma dha leuv jy : hag y feu ty, A Arloedh, a'n gwrug.

27 Mollethens i, mes ty bennik : pan sevons, perthens i meth; mes lowenhes dha servyas.

28 Bedhes ow huhudhoryon gwiskys gans disenor : ha gwiskens i aga meth avel mantell.

29 My a ras dhe'n Arloedh yn feur der ow ganow : ha my a'n gormel yn mysk an routh.

30 Rag ev a sev orth leuv dheghow an den boghosek : dh'y selwel a'n re a helgh y enev.

Myttin 23

SALM 110. *Dixit Dominus.*

1 An Arloedh a leveris dhe'm Arloedh : esedh orth ow leuv dheghow, erna wrylliv dha eskerens dha skavell-droes.

2 An Arloedh a dhyllo gwelenn dha nerth yn-mes a Sion : rewl ty yn mysk dha eskerens.

3 Yma genes mestrynses yn jydh dha nerth, yn splannderyow sansoleth : diworth brys an bora yma genes gluth dha yowynkneth.

4 An Arloedh re dos, ha ny dhenagh : Ty yw oferyas bynytha herwydh ordyr Melkisedek.

5 An Arloedh orth dha leuv dheghow : a vrew myghternedh yn jydh y sorr.

6 Ev a vreus yn mysk an kenedhlow; ev a lenow an leow a gorfow marow : ha brewi kregyn yn lies bro.

7 Eva a wra a'n gover ryb an fordh : rakhenna ev a dhrehav y benn.

SALM 111. *Confitebor tibi.*

1 My a ras dhe'n Arloedh a leun golonn : yn kowethas an re ewnhynsek hag y'n kuntelles.

2 Meur yw oberow an Arloedh : hwilys gans oll an re a lowenha ynna.

3 Y ober yw leun a wordhyans hag enor : ha'y wiryonedh a dhur bys vykken.

4 Ev a wrug dh'y oberow marthys bos kovhes : grassyes ha truedhek yw an Arloedh.

5 Ev re ros sosten dhe'n re a'n own : ev a berth kov a'y gevambos bynytha.

6 Ev re dherivis orth y bobel galloes y wriansow : rag may rollo dhedha ertaj an kenedhlow.

7 Gwriansow y dhiwleuv yw gwirder ha gwirvreus : oll y arghadowyow yw diogel.

8 Fastyes yns i bys vykken ha bynari : ha gwrys yn gwirder hag ewnder.

9 Ev re dhannvonas daspren dh'y bobel : ev re worhemmynnis y gevambos bynytha; sans hag ownys yw y Hanow.

10 Own an Arloedh yw an dalleth a furneth : yma skians da dhe oll an re a wra hemma; y wormeula a dhur bys vykken.

SALM 112. *Beatus vir.*

1 Gwynnvys an den a berth own a'n Arloedh : a lowenha yn feur yn y worhemmynnow.

2 Y has a vydh galloesek war an nor : henedh an re ewnhynsek a vydh bennigys.

3 Kevoeth ha rychys a vydh yn y ji ev : ha'y wiryonedh a dhur bys vykken.

4 Dhe'n re ewnhynsek y sev golow y'n tewlder : grassyes ha truedhek yw an den gwiryon.

5 Dremas yw grassyes hag ev a re war wystel : ev a dhyght y negysyow gans breus.

6 Rag ny wra ev trebuchya bynytha : an den gwiryon a vydh synsys yn kov bys vykken.

7 Ny berth own a nowodhow drog : sad yw y golonn, hag ev a drest y'n Arloedh.

8 Fast yw y golonn, ha ny berth own : erna wello y vynnas war y eskerens.

9 Ev re rannas, ev re ros dhe'n voghosogyon : ha'y wiryonedh a dhur bys vykken; y gorn a vydh drehevys yn wordhyans.

10 An tebelwas a'n wel, hag ev a sorr : ev a skrynk ha teudhi dhe-ves; mynnas an debeles a dhe goll.

SALM 113. *Laudate, pueri.*

1 Gormeulewgh an Arloedh, hwi wesyon an Arloedh : gormeulewgh Hanow an Arloedh.

2 Bennigys re bo Hanow an Arloedh : alemma rag ha bys vykken.

3 Diworth an howldrevel bys y'n howlsedhes : gormeulys yw Hanow an Arloedh.

4 Ughel a-ugh oll an kenedhlow yma an Arloedh : hag yma y wolowder a-ugh an nevow.

5 Piw yw kepar ha'n Arloedh agan Dyw, neb a'n jeves y drygva a-vann : ha neb a wel yn uvel an taklow usi yn nev hag yn nor?

6 Ev a gemmer an den gwann yn-mes a'n doust, ha drehevel an den boghosek yn-mes a'n deylek;

7 Rag ma'n gorro gans pennsevigyon : gans pennsevigyon y bobel ev.

8 Ev a wra dhe'n wreg anvab synsi chi : ha bos mamm lowen a fleghes.

Gwesper 23

SALM 114. *In exitu Israel.*

1 Pan eth Ysrael mes a Ejyp : ha chi Yakob a-dhiworth pobel astranj aga yeth;

2 Yuda o y sentri : hag Ysrael y vestrynses.

3 An mor a welas henna, ha fia : Yordan a drelyas war-dhelergh.

4 An menydhyow a derlemmis kepar ha hordhes : ha'n brennow kepar ha deves yowynk.

5 Pandr'a hwer dhis, A vor, ty dhe fia : ha ty, Yordan, dhe drelya war-dhelergh?

6 Hwi venydhyow, dhe derlemmel kepar ha hordhes : ha hwi vrennow, kepar ha deves yowynk?

7 Kren, A dhor, a-dherag an Arloedh : a-dherag Dyw Yakob;

8 Neb a drelyas an garrek dhe lynn a dhowr : ha'n men flynt dhe fenten dowr.

SALM 115. *Non nobis, Domine.*

1 Na ro dhyn ni, A Arloedh, na ro dhyn ni an gordhyans, mes dhe'th Hanow jy : a-barth dha dregeredh ha'th wiryonedh.

2 Prag y lever an kenedhlow : ple'ma aga Dyw lemmyn?

3 Mes agan Dyw, yma y'n nevow : ev re wrug kekemmys a vynnas.

4 Aga imajys yw arghans hag owr : ober diwleuv den.

5 Ganow a's teves, mes ny gewsons : dewlagas a's teves, mes ny welons.

6 Diwskovarn a's teves, mes ny glywons : dewfrik a's teves, mes ny vlasons.

7 Diwleuv a's teves, mes ny davons; treys a's teves mes ny gerdhons : ha ny gewsons der aga bryansenn.

8 An re a's gwra yw kehaval orta : hag ynwedh oll an re a drest ynna.

9 A Ysrael, trest y'n Arloedh : ev yw aga gweres ha'ga skoes.

10 A ji Aron, trest y'n Arloedh : ev yw aga gweres ha'ga skoes.

11 Hwi a berth own a'n Arloedh, trestyewgh y'n Arloedh : ev yw aga gweres ha'ga skoes.

12 An Arloedh re borthas kov ahanan, hag ev a'gan bennik : ev a vennik chi Ysrael, ev a vennik chi Aron.

13 Ev a vennik an re a berth own a'n Arloedh : keffrys an re vyghan ha'n re veur.

14 An Arloedh a'gas moghha moy ha moy : hwi ha'gas fleghes.

15 An re bennigys a'n Arloedh owgh hwi : formyer nev ha nor.

16 An nevow yw nevow an Arloedh : mes an nor re ros ev dhe vebyon den.

17 Ny wormel an re varow an Arloedh : naneyl oll an re a dhiyskynn dhe daw.

18 Mes ni a wormel an Arloedh : alemma rag ha bys vykken. Gormeulewgh an Arloedh.

Myttin 24

SALM 116. *Dilexi, quoniam.*

1 My a gar an Arloedh : rag ev re glywas lev ow govynnadow;

2 Drefenn ev dhe blegya y skovarn dhymm : rakhenna my a elow warnodho hedra vywiv.

3 Kerdyn ankow res eth a-dro dhymm : ha galarow ifarn a'm dalghennas.

4 My a gavas anken hag ahwer; ena y helwis vy war Hanow an Arloedh : A Arloedh, my a'th pys, delirv ow enev.

5 Grassyes yw an Arloedh, ha gwiryon : devri truedhek yw agan Dyw.

6 An Arloedh a with an re sempel : my a veu dres dhe iselder, hag ev a'm selwis.

7 Dehwel dhe'th powesva, ow enev : rag an Arloedh re beu da orthis.

8 Rag ty re dhelivras ow enev diworth mernans : ow dewlagas diworth dagrow, ha'm treys diworth koedha.

9 My a gerdh a-dherag an Arloedh : yn tir an re vyw.

10 My a grysis, ha rakhenna y kowsav; mes iselhes en vy yn feur : my a leveris yn ow fysk, Tus oll yw gowleverysi.

11 Py gober a rov dhe'n Arloedh : rag oll y rohow dhymm?
12 My a dhegemmer hanaf selwyans : ha gelwel war Hanow an Arloedh.
13 My a dal ow ambosow dhe'n Arloedh lemmyn a-dherag oll y bobel : drudh yn golok an Arloedh yw mernans y sens.
14 Devri, A Arloedh, dha servyas ov vy : dha servyas ov vy, ha mab dha vaghteth; ty re dorras ow holmennow.
15 My a offrynn dhis sakrifis a ras : ha gelwel war Hanow an Arloedh.
16 My a dal ow ambosow dhe'n Arloedh lemmyn a-dherag oll y bobel : yn lysyow chi an Arloedh, a-berth ynnos, A Yerusalem. Gormeulewgh an Arloedh.

SALM 117. *Laudate Dominum.*

1 Gormeulewgh an Arloedh, an kenedhlow oll : gormeulewgh ev, an poblow oll.
2 Rag y dregeredh orthyn ni yw meur : ha gwiryonedh an Arloedh a dhur bys vykken. Gormeulewgh an Arloedh.

SALM 118. *Confitemini Domino.*

1 Gressewgh dhe'n Arloedh, rag da yw : rag y dregeredh a dhur bys vykken.
2 Leveres Ysrael lemmyn : bos y dregeredh ow turya bys vykken.
3 Leveres chi Aron lemmyn : bos y dregeredh ow turya bys vykken.

4 Leveres lemmyn an re a berth own a'n Arloedh : bos y dregeredh ow turya bys vykken.

5 Yn ahwer y helwis vy war an Arloedh : ev a worthybis dhymm, ha'm gorra yn tyller ledan.

6 Yma an Arloedh a-barth dhymm; ny borthav own : pandr'a yll den dhe wul dhymm?

7 Yma an Arloedh a-barth dhymm gans an re a'm gweres : rakhenna y hwelav ow mynnas war an re a'm kas.

8 Gwell yw trestya y'n Arloedh : ages gorra kyfyans yn mab-den.

9 Gwell yw trestya y'n Arloedh : ages gorra kyfyans yn pennsevigyon.

10 An kenedhlow oll a hesyas a-dro dhymm : mes yn Hanow an Arloedh my a wra aga distrui.

11 I a hesyas a-dro dhymm, devri yth omsettsons a-dro dhymm : mes yn Hanow an Arloedh my a wra aga distrui.

12 I a hesyas a-dro dhymm avel gwenen; difeudhys yns i avel tan dreyn : rag yn Hanow an Arloedh my a wra aga distrui.

13 Ty re'm herdhyas yn feur rag may koetthiv : mes an Arloedh a'm gweresas.

14 An Arloedh yw ow nerth ha'm kan : hag ev yw selwyans dhymm.

15 Yma lev lowender ha selwyans yn tyldys an re wiryon : leuv dheghow an Arloedh a wra taklow galloesek.

16 Leuv dheghow an Arloedh yw ughelhes : leuv dheghow an Arloedh a wra taklow galloesek.

17 Ny vydhav marow, mes byw : ha derivas gwriansow an Arloedh.

18 An Arloedh re'm kessydhyas yn tynn : mes ny'm ros dhe vernans.

19 Igor dhymm an porthow a wiryonedh : yth av ynna ha grassa dhe'n Arloedh.

20 Hemm yw porth an Arloedh : yth a an re wiryon ynno.

21 My a ras dhis, rag ty re worthybis dhymm : ha ty re dheuth ha bos ow selwyans.

22 An men a skonyas an weythoryon : re dheuth ha bos penn-men an korn.

23 Hemm yw gwrians an Arloedh : marthys yw y'gan dewlagas ni.

24 Hemm yw an jydh re wrug an Arloedh : ni a lowenha ha bos heudhik ynno.

25 Gwra selwel lemmyn, ni a'th pys, A Arloedh : A Arloedh, ni a'th pys, dannvon lemmyn sewenyans.

26 Bennigys yw neb a dheu yn Hanow an Arloedh : ni re'gas bennigas diworth chi an Arloedh.

27 Dyw yw an Arloedh, neb re ros golow dhyn : kelmewgh an sakrifis gans kerdyn, hag yskynnewgh dhe gern an alter.

28 Ty yw ow Dyw, ha my a ras dhis : ty yw ow Dyw ha my a'th wormel.

29 Gressewgh dhe'n Arloedh, rag da yw : ha'y dregeredh a dhur bys vykken.

Gwesper 24

SALM 119. *Beati immaculati.*

1 Gwynnvys an re yw heb namm y'n fordh : hag a gerdh yn lagha an Arloedh.

2 Gwynnvys an re a with y dhustuniow : hag a'n hwila a leun golonn;

3 An re ynwedh na wra sherewneth : neb a gerdh yn y fordhow ev.

4 Ty re worhemmynnis : may hwryllyn ni synsi dha arghadowyow yn tiwysek.

5 Unnweyth mar pe ow fordhow mar gewar : may hwrellen vy synsi dha ordenansow!

6 Ytho ny borthav meth : pan wra'ma vri a'th worhemmynnow oll.

7 My a ras dhis gans ewnder kolonn : pan dhyskav dha vreusow gwiryon.

8 My a syns dha ordenansow : na wra ow gasa yn tien.

In quo corriget?

9 Fatell wra den yowynk glanhe y hyns : owth omwitha herwydh dha er.

10 A leun golonn my re'th hwilas : na as vy dhe gammdremena diworth dha worhemmynnow.

11 Dha lavarow re gudhis y'm kolonn : ma na begghiv er dha bynn.

12 Ty yw bennigys, A Arloedh : dysk dhymm dha ordenansow.

13 Gans ow diwweus re venegis vy : oll breusow dha anow.

14 My re lowenhas yn fordhow dha dhustuniow : kemmys hag yn kevoeth pub oll.

15 My a vynn prederi a'th arghadowyow : ha hwithra dha hynsyow.

16 My a lowenha y'th ordenansow : ha ny wrav vy ankevi dha er.

Retribue servo tuo.

17 Bydh hel orth dha servyas : rag may pywiv, ha synsi dha er.

18 Igor ow dewlagas : may hwelliv marthusyon dha lagha.

19 Estren ov vy war an nor : na gudh dha worhemmynnow ragov.

20 Ow enev yw konsumys gans hireth : war-lergh dha vreusow jy pub dydh oll.

21 Ty re geredhas an re woethus : mollothek yw an re a gammdremen diworth dha worhemmynnow.

22 Trel a-dhiworthiv mewl ha despit : rag my re withas dha dhustuniow.

23 Pennsevigyon ynwedh a esedhas ha kewsel er ow fynn : mes dha servyas a brederis a'th ordenansow.

24 Dha dhustuniow ynwedh yw ow lowena : ha'm kusulyoryon.

Adhaesit pavimento.

25 Ow enev a len orth an doust : bywha vy herwydh dha er.

26 My a dherivis ow fordhow, ha ty a'm klywas : dysk dhymm dha ordenansow.

27 Gwra dhymm konvedhes fordh dha arghadowyow : ha my a breder a'th varthusyon.

28 Yma ow enev ow teudhi dre boenvos : krevha vy herwydh dha er.

29 Kemmer diworthiv an fordh a falsuri : ha gront dhymm ras dha lagha.

30 My re dhewisas an fordh a wiryonedh : ha'th vreusow re worris vy a-dheragov.

31 My re lenas orth dha dhustuniow : A Arloedh, na as vy dhe vos toellys.

32 Resek a wrav yn fordh dha worhemmynnow : pan redh jy kennerth dhe'm kolonn.

Myttin 25

Legem pone.

33 Dysk dhymm, A Arloedh, fordh dha ordenansow : ha my a's gwith bys y'n diwedh.

34 Gwra dhymm konvedhes, ha my a with dha lagha : devri my a'n syns a leun golonn.

35 Gwra dhymm mos yn hyns dha worhemmynnow : rag ynno yma ow lowena.

36 Pleg ow holonn troha'th tustuniow : ha na wra hy flegya troha krefni.

37 Trel ow dewlagas dhe-ves, ma na wellons euveredh : ha bywha vy y'th fordh.

38 Kollanow dha lavar rag dha servyas : neb a omre dhe own ahanas.

39 Trel dhe-ves an geredh a ownav : rag da yw dha vreusow.

40 Ott, my re yeunis war-lergh dha arghadowyow : bywha vy y'th wiryonedh.

Et veniat super me.

41 Re dheffo dhymm dha dregeredh, A Arloedh : ha'th selwyans jy, herwydh dha er.

42 Ytho y hallav gorthybi dhe'n re a'm kabel : rag my a drest yn dha er.

43 Na gemmer an ger a wiryonedh yn-mes a'm ganow yn tien : rag my re fydhyas y'th vreusow jy.

44 Ytho my a syns dha lagha pup-prys : bys vykken ha bynari.

45 Ha my a gerdh yn rydhses : rag my a hwila dha arghadowyow.

46 My a gews a'th tustuniow a-dherag myghternedh : ha ny borthav meth.

47 Ha my a lowenha y'th worhemmynnow : a wrugavy dhe gara.

48 Ow diwleuv ynwedh a dhrehavav dhe'th worhemmynnow a geris : ha my a breder a'th ordenansow.

Memor esto servi tui.

49 Porth kov a'n ger orth dha servyas : ynno may hwruss'ta dhymmo fydhya.

50 Hemm yw ow hebaska y'm anken : rag dha er re'm bywhas.

51 An re woethus re'm skornyas dres eghenn : byttegyns ny blegis vy diworth dha lagha.

52 My a borthas kov a'th vreusow a'n oesow koth : ha hebaska a gevis.

53 Konnar a'm dalghennas : drefenn an debeles neb a dhispres dha lagha.

155

54 Dha ordenansow re beu kanow dhymm : yn chi ow fergherinses.

55 My re borthas kov a'th Hanow yn nos, A Arloedh : ha my re synsis dha lagha.

56 My re beu enorys rag hemma : rag y hwithis vy dha arghadowyow.

Portio mea, Domine.

57 Ty yw ow rann, A Arloedh : my a ambos synsi dha eryow.

58 My re bysis dha dhader a leun golonn : bydh grassyes orthiv herwydh dha lavar.

59 My a brederis a'm fordhow : ha trelya ow threys troha'th tustuniow.

60 My a fistenas ha ny dhelatis an termyn : rag synsi dha worhemmynnow.

61 Lovanow an debeles re'm kolmas : mes ny ankevis vy dha lagha.

62 Dhe hanter-nos sevel a wrav rag grassa dhis : drefenn dha vreusow gwiryon.

63 Koweth ov vy dhe seul a'th own : hag a syns dha arghadowyow.

64 An nor, A Arloedh, yw leun a'th tregeredh : dysk dhymm dha ordenansow.

Bonitatem fecisti.

65 Ty re wrug da dhe'th servyas, A Arloedh : herwydh dha er.
66 Dysk dhymm skians da ha godhvos : rag my re grysis y'th worhemmynnow.
67 Kyns my dhe vos yn anken, my a gammdremenas : mes lemmyn my re synsis dha lavar.
68 Da osta jy ha grassyes : dysk dhymm dha ordenansow.
69 An re woethus re'm sklandras gans falsuri er ow fynn : mes my a with dha arghadowyow a leun golonn.
70 Maga tew avel blonek yw aga holonn : mes my a lowenha y'th lagha.
71 Da yw ow bos yn anken : rag may tyskkiv dha ordenansow.
72 Gwell genev yw lagha dha anow : ages milyow a owr hag a arghans.

Gwesper 25

Manus tuae fecerunt me.

73 Dha dhiwleuv re'm gwrug ha'm formya : gwra dhymm konvedhes, may tyskkiv dha worhemmynnow.
74 An re a'th own a'm gwel ha lowenhe : rag my re fydhyas y'th her.
75 My a woer, A Arloedh, dha vreusow dhe vos gwiryon : hag yn lenduri ty dhe'm trobla.
76 Bedhes dha dregeredh orth ow hebaskhe : herwydh dha ambos dhe'th servyas.
77 Des dhymm dha druedh, may fiv vy byw : rag dha lagha yw ow lowena.

78 Perthes an re woethus meth, rag gans falsuri y hwrussons kamm dhymm : mes my a breder a'th arghadowyow.

79 Trelyes dhymmo vy an re a berth own ahanas : ha'n re a aswonn dha dhustuniow.

80 Bedhes ow holonn perfeyth y'th ordenansow : ma na bertthiv meth.

Defecit anima mea.

81 Difyga a wra ow enev ow yeuni war-lergh dha selwyans : mes my a fydh yn dha er.

82 Ow dewlagas a fyll ow yeuni war-lergh dha lavar : ow leverel, P'eur hwredh jy ow hebaskhe?

83 Rag desyghys ov vy avel botell y'n mog : byttegyns ny ankevis vy dha ordenansow.

84 Py lies yw dydhyow dha servyas : p'eur hwredh jy breus erbynn an re a wra ow helghya?

85 An re woethus re balas pyttys ragov vy : nag yns herwydh dha lagha.

86 Oll dha worhemmynnow yw gwir : i a wra ow helghya gans falsuri; ty bydh gweres dhymmo vy.

87 Nammna wrussens i ow hisya war an nor : mes ny skonis vy dha arghadowyow.

88 Bywha vy herwydh dha dregeredh : yndellma y synsav vy dustuniow dha anow.

In aeternum, Domine.

89 Dha er, A Arloedh : yw desedhys fast bynytha yn nev.

90 Yma dha wiryonedh a unn henedh dhe'n nessa : ty re selyas an nor, hag ev a sev.

91 Herwydh dha vreusow i a dhur hedhyw : rag puptra oll yw dha servysi.

92 Na ve dha lagha ow lowena : devri my a vawrsa yn ow anken.

93 Bynytha ny ankovav dha arghadowyow : rag dredha ty re'm bywhas.

94 Ty a'm piw, salw vy : rag my re hwilas dha arghadowyow.

95 An debeles re'm gortas rag ow hisya : mes my a breder a'th tustuniow.

96 My re welas bos finwedh dhe bub perfeythter : mes dha worhemmynn yw efan dres eghenn.

Quomodo dilexi!

97 Ass wrav vy kara dha lagha : dres an jydh my a breder anodho.

98 Dre dha worhemmynnow ty re'm gwrug furra ages ow eskerens : rag ymons i genev bynytha.

99 My a gonvedh moy ages ow dyskadoryon oll : rag my a breder yn town a'th tustuniow.

100 My a gonvedh moy ages an dus hen : drefenn my dhe witha dha arghadowyow.

101 My re withas ow threys rag pub hyns drog : rag may synssiv dha er.

102 Ny blynchis vy diworth dha vreusow : drefenn ty dhe dhyski dhymm.

103 Ass yw hweg dha lavarow dhe'm taves : hwekka es mel dhe'm ganow!

104 Dre dha arghadowyow my a gyv skentoleth : rakhenna my a gas pub hyns drog.

Myttin 26

Lucerna pedibus meis.

105 Lugarn dhe'm treys yw dha er : ha golow dhe'm hyns.

106 My re dos ha kollenwel : ow synsi dha vreusow gwiryon.

107 Troblys ov vy dres musur : bywha vy, A Arloedh, herwydh dha er.

108 Degemmer, A Arloedh, an offrynnow rydh a'm ganow : ha dysk dhymm dha vreusow.

109 Yma ow enev prest y'm leuv : byttegyns ny ankovav dha lagha.

110 An debeles re worras maglenn ragov : mes ny gammdremenis vy diworth dha arghadowyow.

111 My re gemmeras dha dhustuniow yn ertaj bys vykken : rag lowena ow holonn yns i.

112 My re worras ow holonn dhe wul dha ordenansow : bys vykken, ha bys y'n diwedh.

Iniquos odio habui.

113 My a gas an re nag yw diwysek : mes dha lagha a garav.

114 Ow hovva ha'm skoes osta jy : yn dha er jy y fydhyav.

115 Kewgh a-dhiworthiv, hwi dhrogoberoryon : rag may hwitthiv gorhemmynnow ow Dyw.

116 Gwra ow mentena herwydh dha lavar, may fywiv : ha na as vy dhe vos toellys y'm govenek.

117 Skoedh vy, may fiv saw : ha prest y lowenhav y'th ordenansow.

118 Ty a dhispres oll an re a gammdremen diworth dha ordenansow : rag falsuri yw aga bodh.

119 Ty a syns oll tebelwesyon an nor dhe vos plosethes : rakhenna my a gar dha dhustuniow.

120 Ow hig a gren rag own ahanas : my a berth own a'th vreusow.

Feci judicium.

121 My re wrug gwirvreus hag ewnder : na as vy dhe'n re a'm gwask.

122 Gwra mewghya rag dha servyas er dader : na as an re woethus dhe'm kompressa.

123 Ow dewlagas a fyll ow yeuni war-lergh dha selwyans : ha war-lergh lavar dha wiryonedh.

124 Gwra dhe'th servyas herwydh dha dregeredh : ha dysk dhymm dha ordenansow.

125 Dha servyas ov vy, gwra dhymm konvedhes : rag may hwodhviv dha dhustuniow.

126 Prys yw dhe'n Arloedh oberi : rag i re dhiswrug dha lagha.

127 Rakhenna my a gar dha worhemmynnow : moy ages owr, devri moy ages owr fin.

128 Rakhenna my a gerdh yn ewnhynsek herwydh oll dha arghadowyow : ha my a gas pub hyns gowek.

Mirabilia.

129 Marthys yw dha dhustuniow : rakhenna y hwra ow enev aga gwitha.

130 Diskwedhyans dha eryow a re golow : ev a re skians dhe'n dus sempel.

131 My a igoras ow ganow, ha dyewa : rag my a yeunis war-lergh dha worhemmynnow.

132 Trel war-tu ha my, ha bydh grassyes orthiv : herwydh dha usadow orth an re a gar dha Hanow.

133 Orden ow hammow y'th lavar : ha na wres drogoberow maystri warnav.

134 Daspren vy diworth kompressans den : ha my a syns dha arghadowyow.

135 Gwra dhe'th fas splanna war dha servyas : ha dysk dhymm dha ordenansow.

136 Ow dewlagas a dhewrak gans frosow a dhowr : drefenn na synsir dha lagha.

Justus es, Domine.

137 Gwiryon osta, A Arloedh : hag ewnhynsek yw dha vreusow.

138 Gwiryon yw dha dhustuniow re worhemmynnsys : ha len dres eghenn.

139 Tan ow holonn re'm kisyas : drefenn ow eskerens dhe ankevi dha eryow.

140 Dha lavar yw pur dres eghenn : ha'th servyas a'n kar.

141 Byghan ov vy ha dispresys : mes ny ankovav dha arghadowyow.

142 Dha wiryonedh yw gwiryonedh nevra a bes : ha dha lagha yw gwirder.

143 Anken ha poesyjyon re'm kemmeras : mes dha worhemmynnow yw ow lowena.

144 Gwiryonedh dha dhustuniow a dhur bys vykken : gwra dhymm konvedhes, ha my a vyw.

Gwesper 26

Clamavi in toto corde meo.

145 My re elwis a leun golonn : gorthyp dhymm, A Arloedh, my a with dha ordenansow.

146 My re elwis warnas : gwra ow selwel ha my a syns dha dhustuniow.

147 My a sev kyns dydh-tardh ha kria : yn dha eryow y fydhyav.

148 Ow dewlagas a dhifun kyns goelyow an nos : rag may prederriv a'th lavar.

149 Klyw ow lev, A Arloedh, herwydh dha dregeredh : bywha vy herwydh dha vreusow.

150 An re a'm helgh gans sherewneth a dheu yn ogas : ha pell ymons i diworth dha lagha.

151 Ogas osta, A Arloedh : hag oll dha worhemmynnow yw gwir.

152 Seuladhydh my re wodhva yn kever dha dhustuniow : ty dh'aga fondya bynytha.

Vide humilitatem.

153 Mir orth ow anken, ha gwra ow delivra : rag ny ankevis vy dha lagha.

154 Pled ow hen, ha daspren vy : bywha vy herwydh dha lavar.

155 Pell yw selwyans a'n debeles : rag ny hwilons dha ordenansow.

156 Meur yw dha druedh, A Arloedh : bywha vy herwydh dha vreusow.

157 Meur aga niver yw ow helghysi ha'm eskerens : byttegyns ny drelis vy diworth dha dhustuniow.

158 My a welas an re dhislen, ha keudh a'm beu : rag ny synsons dha lavar.

159 Mir fatell garav dha arghadowyow : bywha vy, A Arloedh, herwydh dha dregeredh.

160 Sel dha er yw gwirder : ha pubonan a'th vreusow gwiryon a dhur bys vykken.

Principes persecuti sunt.

161 Pennsevigyon re'm helghyas heb ken : mes ow holonn a gren rag dha er.

162 Lowen ov vy rag dha lavar : avel nebonan a gyv meur a breydh.

163 Falsuri a gesis vy, ha'y skonya : mes dha lagha a garav.

164 Seythgweyth y'n jydh y'th wormeulav : drefenn dha vreusow gwiryon.

165 Kres meur a vydh dhe'n re a gar dha lagha : ha nyns eus travydh a wrello dhedha trebuchya.

166 My re wortas dha selwyans, A Arloedh : ha kollenwel dha worhemmynnow.

167 Ow enev re synsis dha dhustuniow : ha'ga hara dres eghenn.

168 My re synsis dha arghadowyow ha'th tustuniow : rag bos oll ow fordhow a-dheragos.

Appropinquet deprecatio.

169 Neshes ow garm a-dheragos, A Arloedh : gwra dhymm konvedhes, herwydh dha er.

170 Des ow govynnadow a-dheragos : gwra ow delivra herwydh dha lavar.

171 Ow diwweus a lever gormeula : drefenn ty dhe dhyski dhymm dha ordenansow.

172 Ow thaves a gews a'th lavar : rag oll dha worhemmynnow yw gwiryonedh.

173 Bedhes dha leuv orth ow gweres : rag dha arghadowyow a dhewisis.

174 My re yeunis war-lergh dha selwyans, A Arloedh : ha'th lagha yw ow lowena.

175 Bywes ow enev, hag ev a'th wormel : ha gwres dha vreusow ow gweres.

176 My re wandras yn sowdhan avel davas yw kellys : hwila dha servyas, rag ny ankevis dha worhemmynnow.

Myttin 27
SALM 120. *Ad Dominum.*

1 Y'm anken my a armas war an Arloedh : hag ev a worthybis dhymm.

2 Delirv ow enev, A Arloedh, diworth gweusyow gowek : ha diworth taves fals.

3 Pandr'a vydh res dhis, ha pandr'a vydh gwrys dhis, ty daves fals : sethow lymm an breselyer, ha kolennow byw a'n meryw.

4 Go-vy, ow bos trygys yn Meshek : ow bos owth annedhi tyldys Kedar.

5 Seuladhydh ow enev re drygas : yn mysk an re a gas kres.

6 My a lavur rag kres : mes pan gowsav orta, i a ombareus rag bresel.

SALM 121. *Levavi oculos.*

1 My a dhrehav ow dewlagas dhe'n menydhyow : may teu ow gweres diworta.

2 Ow gweres a dheu a-dhiworth an Arloedh : neb a formyas nev ha nor.

3 Ny as ev dha droes dhe drebuchya : ny gosk neb a wra dha witha.

4 Ott, gwithyas Ysrael : ny gosk ev na powes.

5 An Arloedh yw dha withyas : an Arloedh yw dha skeus orth dha leuv dheghow.

6 Ny'th wysk an howl dydhweyth : nag an loer yn termyn nos.

7 An Arloedh a'th with rag pub dregynn : ev yw neb a with dha enev.

8 An Arloedh a'th with ow mos dhe-ves hag ow tos dhe-dre : alemma rag ha bys vykken.

SALM 122. *Laetatus sum.*

1 Lowen en vy pan lavarsons dhymm : Gwren ni mos bys yn chi an Arloedh.

2 Agan treys a sev a-berth y'th porthow : A Yerusalem.

3 Yerusalem yw drehevys avel sita : yw kelmys fast warbarth.

4 Ha bys dhodho yth yskynn an loethyow, loethyow an Arloedh : dustuni dhe Ysrael, dhe wodhvos gras dhe Hanow an Arloedh.

5 Rag ena y feu gorrys gorsedhow breus : gorsedhow chi Davydh.

6 Pysewgh kres a-barth Yerusalem : ha sewenyans dhe'n re a'th kar.

7 Re bo kres a-ji dhe'th fosow : ha diagha y'th lysyow.

8 A-barth ow breder ha'm kowetha : my a lever, Bedhes kres ynnos jy.

9 A-barth chi an Arloedh agan Dyw : my a hwila dader dhiso jy.

SALM 123. *Ad te levavi oculos meos.*

1 Dhiso jy y trehavav ow dewlagas : ty neb a dryg y'n nevow.
2 Ott, kepar dell hwither dewlagas servysi leuv aga mestrysi, ha dewlagas maghteth leuv hy mestres : yn kettella y hwither agan dewlagas ni an Arloedh, erna gemmerro truedh ahanan.
3 Kemmer truedh ahanan, A Arloedh, kemmer truedh ahanan : rag ni re beu lenwys yn tien a dhespit.
4 Agan enev yw lenwys yn tien a skorn an re yw attes : hag a dhespit an re woethus.

SALM 124. *Nisi quia Dominus.*

1 Na ve an Arloedh genen ni : gwres Ysrael leverel;
2 Na ve an Arloedh genen ni : pan sevis tus er agan pynn;
3 Ena i a'gan kollonksa yn fyw : pan loskas aga sorr orthyn.
4 Ena an dowrow a'gan beudhsa : ha galsa an fros dres agan enev.
5 Ena y tremensa dres agan enev : an dowrow tonnek.
6 Bennigys re bo an Arloedh : na'gan ros ni yn preydh dh'aga dens.
7 Agan enev re dhienkis avel edhen yn-mes a vaglenn an ydhna : an vaglenn yw terrys, ha ni re dhienkis.
8 Yma agan gweres yn Hanow an Arloedh: a formyas nev ha nor.

SALM 125. *Qui confidunt.*

1 An re a fydh y'n Arloedh a vydh avel menydh Sion : na yll bos disevys, mes ev a dhur bys vykken.

2 Kepar dell sev an menydhyow a-dro dhe Yerusalem : yn kettella y sev an Arloedh a-dro dh'y bobel, alemma rag ha bys vykken.

3 Rag ny wra gwelenn an tebelwas powes war ranndir an re wiryon : ma na worro an re wiryon aga leuv dhe sherewneth.

4 Gwra da, A Arloedh, orth an re yw da : hag orth an re yw ewnhynsek aga holonn.

5 An re a drel a-denewen dh'aga fordhow kamm : an Arloedh a's hembronk dhe-ves gans an dhrogoberoryon; mes kres a vydh war Ysrael.

Gwesper 27

SALM 126. *In convertendo.*

1 Pan drelyas an Arloedh kethneth Sion : ena yth en ni kepar ha'n re owth hunrosa.

2 Ena lenwys veu agan ganow a hwarth : ha'gan taves a lowena.

3 Ena y lavarsons i yn mysk an kenedhlow : An Arloedh re wrug taklow meur rag an re na.

4 Yn hwir, an Arloedh re wrug dhyn taklow meur : rakhenna yth on ni lowen.

5 Trel, A Arloedh, agan kethneth : kepar ha goverow yn difeyth an deghow.

6 Seul a wonis has yn dagrow : a vydh ow mysi yn lowena.

7 Neb eus ow mos yn unn oela, ow toen y vegh a has : a dheu arta gans garmow a lowena, ow tri ganso y vanalow.

SALM 127. *Nisi Dominus.*

1 Marnas an Arloedh a dhrehav an chi : yn euver y lavur seul a'n drehav.

2 Marnas an Arloedh a with an sita : yn euver y hwra an gwithyas goelyas.

3 Euver ragowgh hwi yw sevel a-varr, ha powes helergh, ow tybri bara govijyon : rag yndella y re ev hun dh'y garadow.

4 Ott, fleghes yw ertaj an Arloedh : frut an brys yw y wober ev.

5 Avel sethow yn dorn breselyas : yndella yw fleghes gour yowynk.

6 Gwynnvys an gour re lenwis y woen-sethow anedha : ny berthons meth pan gewsons orth aga eskerens y'n porth.

SALM 128. *Beati omnes.*

1 Gwynn y vys seul a berth own a'n Arloedh : seul a gerdh yn y fordhow.

2 Rag ty a dheber frut dha lavur : gwynn dha vys, ha da vydh genes jy.

3 Dha wreg a vydh kepar ha gwinbrenn leun a frut : a-berth yn fosow dha ji;

4 Ha'th fleghes kepar hag eginyow olewbrenn : oll a-dro dhe'th voes.

5 Ott, yndella y fydh bennigys an gour : neb a berth own a'n Arloedh.

6 An Arloedh a'th vennik yn-mes a Sion : ha ty a wel sewenyans Yerusalem dres oll dydhyow dha vywnans.

7 Ha ty a wel an fleghes a'th fleghes jy : ha kres war Ysrael.

SALM 129. *Saepe expugnaverunt.*

1 Lieskweyth y grevsons dhymm diworth ow yowynkneth : gwres Ysrael leverel.

2 Lieskweyth y grevsons dhymm diworth ow yowynkneth : mes ny yllens ow fetha.

3 An aradroryon a arasas war ow heyn : i a wrug aga fynnglow hir.

4 Gwiryon yw an Arloedh : ev re droghas kerdyn an debeles.

5 Perthes meth ha bedhes trelys war-dhelergh : seul a gas Sion.

6 Bedhens avel an gwels war an tohow : hag a wedher kyns ev dhe egina;

7 Ma na lenow an myswas y dhorn anodho : nag an manalyer y askra.

8 Ha ny lever an dremenysi, Re bo bennath an Arloedh warnowgh : ni a'th vennik yn Hanow an Arloedh.

SALM 130. *De profundis.*

1 Yn-mes a'n downderyow y helwis vy warnas, A Arloedh : Arloedh, klyw ow lev.
2 Gwres dha dhiwskovarn attendya yn glew : orth lev ow govynnadow.
3 Mar kwredh vri a dhrogobereth, Arloedh : A Arloedh, piw a yll sevel?
4 Mes yma gevyans genes jy : rakhenna ty yw ownys.
5 My a worta an Arloedh; ow enev a'n gorta : hag yn y er ev y trestyav.
6 Ow enev a worta an Arloedh : moy es dell worta an woelyadoryon an bora, devri moy es goelyadoryon an bora.
7 Gwres Ysrael trestya y'n Arloedh, rag gans an Arloedh yma tregeredh : ha ganso yma daspren hel.
8 Hag ev a dhaspren Ysrael : diworth oll y dhrogobereth.

SALM 131. *Domine, non est.*

1 Arloedh, nyns yw ow holonn goethus : ha nyns yw ow dewlagas ughel.
2 Ha ny omrov dhe daklow meur : na dhe daklow re varthys ragov.
3 Mes my re goselhas ha spavenhe ow enev, avel flogh didhenys orth bronn y vamm : devri kepar ha flogh didhenys yw ow enev.
4 Gwres Ysrael trestya y'n Arloedh : alemma rag ha bys vykken.

SALM 132. *Memento, Domine.*

1 Porth kov, A Arloedh, a Dhavydh : ha'y boenvos oll;

2 Fatell dos ev ti dhe'n Arloedh : ha lia li dhe Dhyw galloesek Yakob;

3 Nyns av a-berth yn skovva ow chi : na yskynna yn tyller ow gweli;

4 Ny rov kosk dhe'm dewlagas : na hun dhe greghyn ow dewlagas;

5 Erna gyffiv tyller dhe'n Arloedh : trygva dhe Dhyw galloesek Yakob.

6 Ott, ni a glywas anedhi yn Efrata : ha's kavoes yn gwelyow an koes.

7 Gwren ni mos a-berth yn y drygvaow ev : ha plegya a-dherag y skavell-droes.

8 Sav, A Arloedh, a-berth y'th powesva : ty hag argh dha nerth.

9 Bedhes dha oferysi gwiskys gans gwiryonedh : ha gwres dha sens garma gans lowender.

10 A-barth Davydh dha servyas : na drel dhe-ves fas dha Anoyntys.

11 An Arloedh re dos ti yn gwiryonedh dhe Dhavydh : ny wra ev trelya diworto;

12 Onan a'n frut a'th korf : a worrav war dha se.

13 Mar kwra dha fleghes synsi ow hevambos, ha'm dustuniow a dhyskav dhedha : aga fleghes ynwedh a esedh war dha se bynytha.

14 Rag an Arloedh re dhewisas Sion dhe vos trygva dhodho : ev re yeunis war hy lergh.

15 Hemma a vydh ow fowesva bynytha : omma y trygav, rag my re yeunis war hy lergh.

16 Hy boes yn tevri a vennigav : ha dh'y boghosogyon y rov bara lowr.

17 Hy oferysi a wiskav gans selwyans : ha'y sens a arm gans lowena.

18 Ena y hwrav dhe gorn Davydh egina : my re dhyghtyas lugarn dhe'm Anoyntys.

19 Y eskerens ev a wiskav gans meth : mes warnodho y fydh y gurun ow splanna.

SALM 133. *Ecce, quam bonum!*

1 Ott, fatell yw da ha hweg : breder dhe dryga warbarth yn unnses.

2 Kehaval yw orth an olew drudh war an penn, a dheveras war an barv : war varv Aron, ha mos yn-nans dhe vond y bows;

3 Kepar ha gluth Hermon : a goedh war venydhyow Sion.

4 Rag ena y hworhemmynnis an Arloedh y vennath : bywnans bys yn gorfenn an bys.

SALM 134. *Ecce nunc.*

1 Ott, bennigewgh an Arloedh, gwesyon oll a'n Arloedh : hwi neb a sev yn chi an Arloedh nosweyth.

2 Drehevewgh agas diwleuv y'n sentri : ha bennigewgh an Arloedh.

3 Re'th vennikko an Arloedh diworth Sion : neb a wrug nev ha nor.

SALM 135. *Laudate Nomen.*

1 Gormeulewgh an Arloedh, gormeulewgh Hanow an Arloedh : gormeulewgh ev, hwi servysi an Arloedh;

2 Hwi neb a sev yn chi an Arloedh : yn lysyow chi agan Dyw.

3 Gormeulewgh an Arloedh, rag da yw an Arloedh : kenewgh gormeula dh'y Hanow ev, rag y vos grassyes.

4 Rag an Arloedh re dhewisas Yakob dhodho ev y honan : hag Ysrael avel y dresor arbennik.

5 Rag my a woer an Arloedh dhe vos meur : ha'gan Arloedh dhe vos a-ugh an dhywow oll.

6 Puptra a vynnas an Arloedh, ev a'n gwrug yn nev hag yn nor : hag y'n moryow hag yn oll an downderyow.

7 Ev a wra dhe'n kommol yskynna diworth pennow an nor : hag ev a wra lughes rag an glaw, ow tri an gwynsow yn-mes a'y dresorvaow.

8 Ev a weskis an re gynsa-genys a Ejyp : ha tus hag enyvales.

9 Ev a dhannvonas arwoedhyow ha marthusyon y'th vysk, A Ejyp : war Faro ha war oll y wesyon.

10 Ev a weskis kenedhlow meur : ha ladha myghternedh alloesek;

11 Sihon myghtern an Amorogyon, hag Og myghtern Bashan : hag oll gwlaskordhow Kanan;

12 Hag ev a ros aga thir yn ertaj : ertaj dhe Ysrael y bobel.

13 Dha Hanow, A Arloedh, a dhur bys vykken : ha'th kovadh, A Arloedh, a unn henedh dhe'n nessa.

14 Rag an Arloedh a vreus y bobel : ha kemmeres truedh a'y servysi.

15 Imajys an kenedhlow, nyns yns i marnas arghans hag owr : ober diwleuv den.

16 Ganow a's teves, mes ny gewsons : dewlagas a's teves, mes ny welons.

17 Diwskovarn a's teves, mes ny glywons : ha nyns eus anall y'ga ganow.

18 Aga gwrioryon yw hevelep orta : ha'n re ynwedh a fydh ynna i.

19 Bennigewgh an Arloedh, chi Ysrael : bennigewgh an Arloedh, chi Aron.

20 Bennigewgh an Arloedh, chi Levi : hwi neb a berth own a'n Arloedh, bennigewgh an Arloedh.

21 Bennigys re bo an Arloedh yn Sion : neb yw trygys yn Yerusalem.

Gwesper 28

SALM 136. *Confitemini.*

1 Gressewgh dhe'n Arloedh, rag ev yw da : rag y dregeredh a dhur bys vykken.

2 Gressewgh dhe Dhyw an dhywow : rag y dregeredh a dhur bys vykken.

3 Gressewgh dhe Arloedh an arlydhi : rag y dregeredh a dhur bys vykken;

4 Neb y honan a wra marthusyon meur : rag y dregeredh a dhur bys vykken;

5 Neb a wrug an nevow a'y furneth : rag y dregeredh a dhur bys vykken;

6 Neb a ystynnas an nor a-ugh an dowrow : rag y dregeredh a dhur bys vykken;

7 Neb a wrug golowys meur: rag y dregeredh a dhur bys vykken;

8 An howl dhe rewlya dydhweyth : rag y dregeredh a dhur bys vykken;

9 An loer ha'n ster dhe rewlya nosweyth : rag y dregeredh a dhur bys vykken;

10 Neb a weskis Ejyp y'ga re gynsa-genys : rag y dregeredh a dhur bys vykken;

11 Ha dri Ysrael yn-mes a'ga mysk : rag y dregeredh a dhur bys vykken;

12 Dre leuv grev ha dre vregh ystynnys : rag y dregeredh a dhur bys vykken;

13 Neb a rannas an Mor Rudh yn diw rann : rag y dregeredh a dhur bys vykken;

14 Ha gul dhe Ysrael tremena der y vysk : rag y dregeredh a dhur bys vykken;

15 Ha domhwel Faro ha'y lu y'n Mor Rudh : rag y dregeredh a dhur bys vykken;

16 Neb a hembronkas y bobel der an difeyth : rag y dregeredh a dhur bys vykken;

17 Neb a weskis myghternedh veur : rag y dregeredh a dhur bys vykken;

18 Ha ladha myghternedh vryntin : rag y dregeredh a dhur bys vykken;

19 Sihon myghtern an Amorogyon : rag y dregeredh a dhur bys vykken;

20 Og myghtern Bashan : rag y dregeredh a dhur bys vykken;

21 Hag ev a ros aga thir yn ertaj : rag y dregeredh a dhur bys vykken;

22 Yn ertaj dhe Ysrael y servyas : rag y dregeredh a dhur bys vykken;

23 Neb a borthas kov ahanan y'gan iselder : rag y dregeredh a dhur bys vykken;

24 Ha'gan delivra diworth agan eskerens : rag y dregeredh a dhur bys vykken;

25 Neb a re boes dhe bub kig : rag y dregeredh a dhur bys vykken.

26 Gressewgh dhe Dhyw an nev : rag y dregeredh a dhur bys vykken.

SALM 137. *Super flumina.*

1 Ryb dowrow Babylon yth esedhsyn ni hag oela : pan berthsyn kov ahanas, A Sion.

2 Agan telynnow a gregsyn : war an helik usi yn hy mysk hi.

3 Rag ena an re a'gan kemmeras yn kethneth a dhervynnas diworthyn kan, ha'gan tormentorys a wovynnas lowender : Kenewgh dhyn ni onan a'n kanow a Sion.

4 Fatell wren ni kana kan an Arloedh : yn pow estren?

5 Mara'th ankovav, A Yerusalem : re wetthro ow leuv dheghow.

6 Glenes ow thaves orth ow stevnik mar ny borthav kov ahanas : mar ny worrav Yerusalem a-ugh ow fenn-lowender.

7 Porth kov, A Arloedh, a vebyon Edom yn jydh Yerusalem : fatell lavarsons, Diswrewgh hi, diswrewgh hi, bys dhe'n dor.

8 A Vyrgh Babylon, re bi ty ynwedh distruys : gwynn y vys neb a attal dhis kepar dell wrussys agan dyghtya ni.

9 Gwynn y vys neb a gemmerro dha fleghigow jy : ha'ga deghesi erbynn an veyn.

SALM 138. *Confitebor tibi.*

1 My a'th wormel, A Arloedh, a leun golonn : a-dherag an dhywow y kanav gormeula.

2 My a bleg troha'th tempel sans, hag a wormel dha Hanow, drefenn dha dregeredh ha'th wiryonedh : rag ty re veurhas dha Hanow ha'th lavar a-ugh puptra.

3 Y'n jydh may helwis vy ty a worthybis dhymm : hag ynkressya nerth y'm enev.

4 Oll myghternedh an nor a'th wormel, A Arloedh : rag i re glywas lavarow dha anow.

5 Hag i a gan a fordhow an Arloedh : rag meur yw golowder an Arloedh.

6 Rag ughel yw an Arloedh, hwath ev a wra vri a'n re isel : mes a-bell ev a aswonn an re woethus.

7 Kyn kerdhav yn mysk anken, ty a with ow bywnans : ty a ystynn dha leuv erbynn sorr ow eskerens, ha'th leuv dheghow a'm saw.

8 An Arloedh a gowlwra y vynnas ragov : dha dregeredh, A Arloedh, a dhur bys vykken; na dhispres oberow dha dhiwleuv.

Myttin 29
SALM 139. *Domine, probasti.*

1 A Arloedh, ty re'm hwithras ha'm aswonn : ty a aswonn ow esedha ha'm sevel, ty a gonvedh ow frederow a-bell.

2 Ty a hwither ow hyns ha'm growedha : ha ty a aswonn oll ow fordhow.

3 Rag nyns eus ger war ow thaves : marnas ty a'n goer yn tien.

4 Ty re'm degeas a-dryv hag a-rag : ha gorra dha leuv warnav.

5 Re varthys ragov yw an skians na : re ughel yw, ny wonn drehedhes dhodho.

6 Ple'th av diworth dha Spyrys : ha ple fiav diworth dha fas?

7 Mars yskynnen dhe nev y fiesta ena : mar tarbarren ow gweli yn ifarn ottajy ena ynwedh.

8 Mar kemmerren eskelli an jydh-tardh : ha tryga yn penn pella an mor;

9 Ena ynwedh dha leuv a'm hembronksa : ha'th leuv dheghow a'm synssa.

10 Mar lavarav, Devri an tewolgow a'm kudh : ha'n golow a vydh nos dhymm;

11 Nyns yw tewolgow tewl genes jy, mes an nos a splann avel an jydh : kehaval yw an tewolgow ha'n golow genes jy.

12 Rag ty a formyas ow lonethi : ty a'm gwias warbarth yn brys ow mamm.

13 My a'th wormel, rag euthek ha marthys osta : marthys yw dha oberow; ha'm enev a woer hemma yn ta.

14 Nyns o ow eskern kudhys ragos : pan en vy formys yndann gel, gwiys yn konnyk yn rannow isella an nor.

15 Dha dhewlagas a welas ow devnydh kyns ow bos genys : hag y'th lyver jy oll ow eseli yw skrifys;

16 Oll ow dydhyow yw niverys : ha nyns yw nagonan anedha ankevys.

17 Ass yw drudh dhymm dha brederow, A Dhyw : ass yw meur aga niver!

18 Mara's niverren, y fiens moy es an tewes : mar teffen dh'aga gorfenn, hwath y fien vy genes.

19 Unnweyth mar kwrelles ladha an debeles, A Dhyw : omdennewgh diworthiv ytho, hwi dus woesek.

20 I a gews er dha bynn yn spitus : ha'th eskerens a sev er dha bynn yn euver.

21 A ny's kasav, A Arloedh, neb a'th kas jy : a ny'm beus keudh awos an re a sev er dha bynn?

22 My a's kas gans kas kowal : my a's syns yn eskerens.

23 Hwither vy, A Dhyw, ha godhvydh ow holonn : prov vy, ha godhvydh ow frederow;

24 Ha gwel mar pydh fordh a sherewneth genev : ha hembronk vy y'n fordh nevra a bes.

SALM 140. *Eripe me, Domine.*

1 Gwra ow delivra, A Arloedh, diworth an den drog : gwith vy rag an gour garow;

2 Neb a dewl towlow drog y'ga holonn : ha pub dydh oll i a sord breselyow.

3 I re lymmas aga thaves avel sarf : yma gwenon nadres yn-dann aga diwweus.

4 Gwith vy, A Arloedh, rag diwleuv an tebelwas : gwith vy rag an gour garow, neb a dewl towlow dhe wul dhe'm treys trebuchya.

5 An re woethus re gudhas maglenn er ow fynn, ha gans kerdyn ystynna roes : i re worras antylli ragov ryb an fordh.

6 My a leveris dhe'n Arloedh, Ow Dyw osta jy : klyw lev ow govynnadow, A Arloedh.

7 A Arloedh Dyw, nerth ow selwyans : ty re beu skoes dhe'm penn yn jydh an gas.

8 Na wront, A Arloedh, mynnas an tebelwas : na wra dh'y debel-dowl spedya.

9 An re a omsett a-dro dhymm, na dhrehevens aga fennow : gwres dregynn aga diwweus aga fetha.

10 Koedhes warnedha kolennow byw leskys : bedhens i tewlys yn pollow leysyek ma na yskynnons arta.

11 Na vedhes le y'n tir dhe'n den a gews sherewneth : gwres drokter helghya an gour garow dhe derros.

12 My a woer y hwra an Arloedh pledya ken an den gwann : ha mentena gwirvreus an voghosogyon.

13 Devri an re wiryon a woer gras dhe'th Hanow jy : an re ewnhynsek a dryg a-dheragos.

SALM 141. *Domine, clamavi.*

1 Arloedh, my a elow warnas, fisten dhymm : klyw ow lev pan alwav warnas.

2 Re bo ow fysadow a-dheragos avel ynkys : ha'm diwleuv drehevys avel offrynn gwesper.

3 Gorr gwithyas, A Arloedh, a-rag ow ganow : gwith daras ow diwweus.

4 Na bleg ow holonn dhe dravydh dhrog : dhe wul drogobereth gans tus a wra sherewneth; na as vy dhe dastya aga boesow sawrek.

5 Mes gwres an gour gwiryon ow hessydhya : ha'n gour len ow rebukya.

6 Na wres oyl an tebelwas untya ow fenn : rag ow fysadow a vydh hwath erbynn aga sherewneth.

7 Pan vydh aga breusysi tewlys dhe'n dor ryb an garrek : i a glyw ow lavarow, rag hweg yns.

8 Kepar ha den owth aras hag ow kloesya war an tir : yn kettella y fydh aga eskern skoellys orth ganow ifarn.

9 Mes ow dewlagas a vir orthis, A Arloedh Dyw : ynnos jy y hwilav skovva, na as vy dhe vos omdhivas.

10 Gwith vy rag an vaglenn re worrsons er ow fynn : ha rag antylli an dhrogoberoryon.

11 Koedhes an debeles y'ga roesow aga honan : ha my ow tremena yn saw.

Gwesper 29

SALM 142. *Voce mea ad Dominum.*

1 My a arm war an Arloedh gans ow lev : gans ow lev devri y hwrav ow govynnadow dhe'n Arloedh.

2 My a dhyllo ow krodhvol a-dheragdho : my a dhiskwa a-dheragdho ow anken.

3 Pan glamderas ow spyrys a-berth ynnov ty a aswonnis ow hyns : y'n fordh may kerdhyn i re gudhas maglenn er ow fynn.

4 Mir orth ow leuv dheghow ha gwel : rag nyns eus denvydh a'm aswonno.

5 Skovva a fyllis dhymm : nyns eus neb a wittho ow enev.

6 My a armas warnas, A Arloedh, ha leverel : Ty yw ow skovva, ha'm rann yn tir an re vyw.

7 Gwra vri a'm garm : rag yth ov vy dres pur isel.

8 Gwra ow delivra diworth ow helghysi : rag kreffa yns i agesov.

9 Doroy ow enev yn-mes a bryson, may hwormeulliv dha Hanow : an re wiryon a omguntell a-dro dhymm, rag ty a vydh da orthiv.

SALM 143. *Domine, exaudi.*

1 Klyw ow fysadow, A Arloedh, ro skovarn dhe'm govynnadow : gorthyp dhymm a-barth dha wirder ha'th wiryonedh.

2 Na dhoro dha servyas dhe vreus : rag y'th wolok jy ny vydh denvydh yn fyw prevys gwiryon.

3 Rag an eskar re helghyas ow enev; ev re weskis ow bywnans dhe'n leur : ev re wrug dhymm tryga yn tewlder, kepar ha'n re yw marow seuladhydh.

4 Rakhenna ow spyrys a glamderas : ha'm kolonn a-berth ynnov a goedhas yn desper.

5 My a berth kov a'n dydhyow koth; my a breder a'th wriansow oll : my a breder a oberow dha dhiwleuv.

6 My a ystynn ow diwleuv dhiso : ow enev a yeun war dha lergh kepar ha tiredh sygh.

7 Fisten dhe worthybi dhymm, A Arloedh, rag ow spyrys a fyll : na gudh dha fas ragov, ma na viv kepar ha'n re a dhiyskynn dhe'n pytt.

8 Gwra dhymm klywes dha dregeredh myttinweyth, rag ynnos jy y trestyav : gwra dhymm godhvos an fordh y koedh dhymm kerdhes ynni, rag dhiso jy y trehavav ow enev.

9 Gwra ow delivra, A Arloedh, diworth ow eskerens : dhiso jy y fiav rag skovva.

10 Dysk dhymm gul dha vodh, rag ty yw ow Dyw : gwres dha Spyrys kuv ow hembronk yn tir kompes.

11 Bywha vy, A Arloedh, a-barth dha Hanow : a-barth dha wiryonedh doroy ow enev yn-mes a anken.

12 Y'th tregeredh diswra ow eskerens : ha kis oll an re a omladh erbynn ow enev; rag dha servyas ov vy.

Myttin 30

SALM 144. *Benedictus Dominus.*

1 Bennigys re bo an Arloedh ow harrek : neb a dhysk dhe'm diwleuv gwerrya, ha dhe'm bysyes omladh.

2 Ow nerth ha'm dinas, ow thour ha'm delivrer, ow skoes may trestyav ynno : neb a feth an poblow yn-dannov.

3 Arloedh, pyth yw den may hwrylli y aswonn : po mabden may hwrylli vri anodho?

4 Kepar hag anall yw den : y dhydhyow a dremen avel skeus.

5 Gwra dhe'th nevow plegya yn-nans, A Arloedh, ha diyskynn : tav an menydhyow, ha megi a wrons.

6 Dyllo dha lughes, ha'ga thewlel a-les : tenn dha sethow, ha'ga domhwel.

7 Ystynn dha leuv a'n ughelder : gwra ow delivra, ha kemmer vy yn-mes a dhowrow meur, yn-mes a leuv estrenyon.

8 Aga ganow a lever euveredh : ha'ga leuv dheghow yw leuv dheghow a falsuri.

9 My a gan kan nowydh dhis, A Dhyw : war sowtri a dheg kordenn y kanav gormeula dhis.

10 Ty re ros budhogoleth dhe vyghternedh : ha delivra Davydh dha servyas.

11 Saw vy a beryll an kledha; ha gwra ow delivra diworth leuv estrenyon : aga ganow a lever euveredh, ha'ga leuv dheghow yw leuv dheghow a falsuri.

12 Re deffo agan mebyon avel plansow y'ga yowynkneth : ha'gan myrghes avel penn-meyn gravyes y'n tempel.

13 Re bo agan skiberyow leun, ow ri boes a bub eghenn : ha re dhineyttho agan deves milyow ha degow a vilyow y'gan gwelyow.

14 Re bo agan oghen krev rag ober, ha na vo omsettyansow na divroa : ha na vo krodhvol y'gan stretys.

15 Gwynnvys an bobel yn studh a'n par na : devri, gwynnvys an bobel ha dhodho an Arloedh avel aga Dyw.

SALM 145. *Exaltabo te, Deus.*

1 My a'th veurha, A Dhyw, ow Myghtern : ha my a vennik dha Hanow bys vykken ha bynari.

2 Pub dydh y'th vennigav : ha gormeuli dha Hanow bys vykken ha bynari.

3 Meur yw an Arloedh hag ev a dal bos gormeulys yn fras : ha ny yllir hwithra y veuredh.

4 Unn henedh a wormel dha oberow dhe'n nessa : ha derivas dha wriansow nerthek.

5 My a breder a splannder gloryus dha veuredh : ha'th oberow marthys.

6 Ha tus a gews a nerth dha oberow euthek : ha my a dheriv dha veuredh.

7 I a dhiskwa kovadh dha dhader hel : ha kana a'th wiryonedh.

8 An Arloedh yw grassyes ha truedhek : lent ow serri ha meur y dregeredh.

9 An Arloedh yw da orth pub den oll : hag yma y druedh dres oll y oberow.

10 Oll dha oberow a'th wormel, A Arloedh : ha'th sens a wra dha venniga.

11 I a lever a wolowder dha wlaskor : ha kewsel a'th nerth;

12 Rag may hwrellons dhe vebyon den aswonn y wriansow nerthek : ha golowder meuredh y wlaskor.

13 Dha wlaskor yw gwlaskor nevra a bes : ha'th vestrynses a dhur a unn henedh dhe'n nessa.

14 An Arloedh a skoedh oll an re a wra koedha : hag ev a dhrehav oll an re yw plegys y'n dor.

15 Dewlagas pub den a wayt warnas : ha ty a re dhedha aga boes y'n prys gwiw.

16 Ty a iger dha leuv : ha kollenwel hwans puptra yn fyw.

17 An Arloedh yw gwiryon yn oll y fordhow : ha len yn oll y wriansow.

18 Yma an Arloedh ogas dhe bubonan a elow warnodho : dhe bubonan a elow warnodho yn gwiryonedh.

19 Ev a gollenow bodh an re a'n own : ev a glyw aga garm ynwedh, hag ev a's selow.

20 An Arloedh a with pubonan a'n kar : mes oll an debeles a wra ev dhe dhistrui.

21 Ow ganow a lever gormeula an Arloedh : ha gwres pub kig benniga y Hanow sans bys vykken ha bynari.

SALM 146. *Lauda, anima mea.*

1 Gormeulewgh an Arloedh, ow enev; hedra vywiv y hwormeulav an Arloedh : my a gan gormeula dhe'm Dyw hedra viv.

2 Na drestyewgh yn pennsevigyon, nag yn mab den : ma nag eus selwyans ynno.

3 Y anall a dhe-ves, ev a dhehwel dhe'n dor : hag y'n jydh na yth a y brederow oll dhe goll.

4 Gwynn y vys neb a'n jeves Dyw Yakob yn gweres dhodho : hag yma y drest y'n Arloedh y Dhyw;

5 Neb a formyas nev ha nor, an mor ha puptra usi ynno : neb a with gwiryonedh bynytha;

6 Neb a wra gwirvreus rag an re gompressys : neb a re boes dhe'n re nownek.

7 An Arloedh a dhyllo prysners dhe wari : an Arloedh a re golok dhe'n dhellyon.

8 An Arloedh a dhrehav an re plegys y'n dor : an Arloedh a gar an re wiryon.

9 An Arloedh a with an estrenyon : ev a skoedh an omdhivas ha'n wedhwes : mes fordh an debeles ev a dhomhwel.

10 An Arloedh a vydh Myghtern bynytha : ha Dyw dhiso, A Sion, a unn henedh dhe'n nessa.

SALM 147. *Laudate Dominum.*

1 Gormeulewgh an Arloedh, rag da yw kana gormeula dh'agan Dyw ni : plegadow ha gwiw yw y wormeuli.

2 An Arloedh a dhrehav Yerusalem : ha kuntell warbarth divresow Ysrael.

3 Ev a yaghha an re trogh aga holonn : hag a gelm aga goliow.

4 Ev a amont niver an ster : ha'ga gelwel pub huni orth aga hanow.

5 Meur yw agan Arloedh, ha meur yw y nerth : heb fin yw y skians.

6 An Arloedh a skoedh an re hwar : hag a iselha an debeles dhe'n leur.

7 Kenewgh dhe'n Arloedh gans gras : kenewgh gormeula war an delynn dh'agan Dyw;

8 Neb a gudh an nevow gans kommol, ha darbari glaw rag an nor : ha gul dhe wels tevi war an menydhyow.

9 Ev a re dhe'n gwarthek aga boes : ha boesa ydhnigow an varghvran pan elwons.

10 Nyns eus ganso delit yn nerth an margh : ha ny gemmer ev plesour yn diwarr gour.

11 Mes an Arloedh a gemmer plesour y'n re a'n own : y'n re a fydh yn y dregeredh.

12 Gormel an Arloedh, A Yerusalem : gormel dha Dhyw, A Sion.

13 Rag ev re grevhas barrys dha borthow : ha re vennigas dha fleghes a-berth ynnos.

14 Ev a wra kres y'th oryon : ha'th lenwel a waneth a'n gwella.

15 Ev a dhyllo y worhemmynn war an nor : y lavar a res pur uskis.

16 Ev a re ergh avel gwlan : ha lesa loesrew avel lusow.

17 Ev a skoell yey avel brewyon : piw a yll sevel a-rag y yeynder?

18 Ev a dhyllo y lavar ha'ga theudhi : ev a wra dh'y wyns hwytha, ha'n dowrow a dhewrak.

19 Ev a dhiskwa y er dhe Yakob : y ordenansow ha'y vreusow dhe Ysrael.

20 Ny dhyghtyas nahen kenedhel yndellma : ha'y vreusow, ny's aswonnons.

SALM 148. *Laudate Dominum.*

1 Gormeulewgh an Arloedh diworth an nevow : gormeulewgh ev y'n ughelderyow.

2 Gormeulewgh ev, oll hwi y eledh ev : gormeulewgh ev, oll y luyow.

3 Gormeulewgh ev, howl ha loer : gormeulewgh ev, oll hwi ster ow splanna.

4 Gormeulewgh ev, hwi nevow a nevow : ha hwi dhowrow usi a-ugh an nevow.

5 Gormeulens i Hanow an Arloedh : rag ev a worhemmynnis hag y fons i formys.

6 Ev re's fastyas bys vykken ha bynari : ordenans re ros dhedha, na vydh terrys.

7 Gormeulewgh an Arloedh diworth an nor : hwi dhragons ha downderyow oll;

8 Tan ha keser, ergh ha niwlrew : gwyns hag annawel ow kewera y er;

9 Menydhyow ha brennow oll : gwydh leun a frut ha kederwydh oll;

10 Miles ha gwarthek oll : kreaturs eus ow slynkya hag ydhyn askellek;

11 Myghternedh an nor ha poblow oll : pennsevigyon hag oll breusysi a'n norvys;

12 Gwer yowynk ha maghtethyon, tus hen ha fleghes, gormeulewgh Hanow an Arloedh : rag y Hanow ev yn unnik yw gorughel, ha'y splannder a-ugh nev ha nor.

13 Ev a ughelha korn y bobel; hag oll y sens a'n gormel : mebyon Ysrael, pobel eus ogas dhodho.

SALM 149. *Cantate Domino.*

1 Kenewgh dhe'n Arloedh kan nowydh : gormeulewgh ev yn kuntelles an sens.

2 Gwres Ysrael lowenhe yn y wrier : bedhes mebyon Sion heudhik y'ga Myghtern.

3 Gormeulens i y Hanow y'n dons : kanens gormeula dhodho gans tabour ha telynn.

4 Rag an Arloedh a gemmer plesour yn y bobel : ev a dekha an re hwar gans selwyans.

5 Lowenhes an sens gans gordhyans : gwrens i garma gans lowender war aga gweliow.

6 Bedhes gormeula Dyw y'ga ganow : ha kledha dew-vinek y'ga diwleuv;

7 Dhe gemmeres dial war an kenedhlow : ha gorra kessydhyans war an poblow;

8 Dhe gelmi aga myghternedh gans kadonyow : ha'ga fennsevigyon gans kargharow-horn;
9 Dhe gollenwel breus warnedha dell yw skrifys : an enor ma yw gober oll y sens.

SALM 150. *Laudate Dominum.*

1 Gormeulewgh Dyw yn y sentri : gormeulewgh ev yn fyrmament y nerth.
2 Gormeulewgh ev awos y wriansow nerthek : gormeulewgh ev herwydh y vraster meur.
3 Gormeulewgh ev gans son an trompa : gormeulewgh ev war an sowtri ha'n delynn.
4 Gormeulewgh ev gans an tabour ha'n dons : gormeulewgh ev gans kerdyn ha'n bib.
5 Gormeulewgh ev war an symbalys kesson : gormeulewgh ev war an symbalys ughel aga son.
6 Oll myns a'n jeves anall : gormeulens i an Arloedh.

❖